친정
엄마

나남
nanam

나남산문선 · 61

친정 엄마

2005년 4월 15일 초판 발행
2005년 8월 5일 증보판 발행
2006년 3월 5일 증보판 2쇄
2006년 11월 15일 증보판 3쇄
2007년 3월 20일 증보판 4쇄
2007년 5월 4일 증보판 5쇄
2008년 9월 15일 증보판 6쇄
2009년 5월 20일 증보판 7쇄
2009년 11월 15일 증보판 8쇄
2009년 12월 25일 증보판 9쇄
2009년 12월 31일 증보판 10쇄
2010년 1월 5일 증보판 11쇄
2010년 2월 10일 증보판 12쇄
2010년 4월 25일 증보판 13쇄
2010년 6월 15일 증보판 14쇄
2010년 9월 25일 증보판 15쇄
2011년 5월 15일 증보판 16쇄

저자_ 고혜정
발행자_ 趙相浩
발행처_ (주) 나남출판
디자인_ 이필숙
일러스트_ 이경아 · 조미리
        0121mili@naver.com
주소_ 경기도 파주시 교하읍
     출판도시 518-4
전화_ (031) 955-4600(代)
팩스_ (031) 955-4555
등록_ 제 1-71호. (79. 5. 12)
홈페이지_ www.nanam.net
전자우편_ post@nanam.net

ISBN 978-89-300-0861-7
ISBN 978-89-300-0859-4 (세트)
책값은 뒤표지에 있습니다.

나남산문선 · 61

증보 2판

친정
엄마

'너 땜시 이러고 산다'는 엄마와
'엄마 때문에 내가 못산다'는 딸이 엮는
울퉁달퉁한 이야기

고혜정 지음

나남
nanam

며
느
리.

오늘도 친정엄마는 제게 전화를 하십니다.

"아가, 뭐허고 밥 먹냐? 김치는 아직 있냐? 아이고, 가까우믄 얼렁 가서 반찬 조께 히주고 청소나 한바탕 히주고 왔으믄 쓰겄네."
"아가, 날 풀렸다고 이불빨래 허지 말고, 그냥 놔둬라. 내가 조만간 한 번 올라가마."
"아가, 어깨 아프다는 것은 좀 어찌냐?"
"아가, 엄마가 뭐 히줄 것은 없냐?"

만날 하루가 멀다 하고 전화를 하십니다. 마흔이 다된 딸에게 아직도 아가라고 부르며 뭐든지 해주고 싶어서 안달이십니다. 그러나 딸인 저는,
"내가 엄마 땜에 못살아, 진짜 못살아."

이 말을 입에 달고 삽니다.
가슴속에는 '나는 엄마 땜에 살아' 라는 말을 가득 품고 있지만 늘 입으로 나오는 것은 엄마 땜에 못산다는 짜증뿐입니다.

결혼을 해서 아이를 낳아 키워보니 엄마의 마음이 절절이 이해되고, 엄마 생각이 나서 혼자 반성하며 얼마나 울었던지요. 하지만 이 못난 딸은 엄마에게 전화해서 미안하다고, 이제야 엄마 마음 알겠다고 말할 용기는 없었습니다. 그런 마음을 제가 자식을 낳아 키우면서 새록새록 엄마 생각이 날 때마다 조금씩 적어 놓았습니다. 도저히 엄마 얼굴을 보면서 엄마에게 할 수 없었던 이야기들을 나중에 내 돈으로 책으로 엮어 엄마에게 선물하려고 했습니다. 말로는 못하지만 이 못난 딸이 이제는 엄마 마음을 조금 이해하고 있다는 걸 알려드리고 싶었던 것입니다.

그런데 우연한 기회에 출판사에서 원고를 보고 책으로 내자고 했습니다. 몇 번을 고사한 끝에 원고를 넘겨주게 되었고, 지난여름 《친정엄마》라는 책이 나오게 되었습니다.

처음에 책이 나올 때만 해도 전 속으로 '에이, 누가 남의 엄마 얘기를 좋아하겠어?' 라고 생각했습니다. 그러나 저의 생각과는 달리 《친정엄마》는 서서히 입소문을 타고 팔리기 시작했고, 반응이 매우 좋았습니다. 웃으면서 읽지만 볼에는 끊임없이 눈물이 흘러내리는 책이라는 평을 받기도 했습니다. 남의 얘기가 아니라 모두들 우리 엄마 얘기 같다며 공감을 많이 했고, 주변사람들에게 선물하며 적극 권장하기도 했다는 말도 들었습니다.

그때 저는 제가 쓴 《친정엄마》의 얘기는 우리 엄마 얘기임과 동시에 세상의 모든 엄마들의 얘기라는 것을 깨닫게 되었습니다. 자식을 사랑하고 아낌없이 베풀어주는 엄마의 마음은 세상 어느 엄마나 다 똑같은가 봅니다. 또 그런 엄마의 마음을 자식들이 표현을 하지 않아서 그렇지 다 알고 있기에 《친정엄마》는 좋은 반응을 얻었다고 생각합니다. 이 모든 덕분에 부끄럽지만 또 이렇게 좋은 출판사에서 '개정판'을 내게 되었습니다.

작가는 자기의 기억을 쓰면서 주변사람에게 상처를 입히는 직업인지도 모르겠습니다. 이번 개정판을 내면서는 친정엄마가 그다지 기억하고 싶지 않아 하는 가슴 아픈 사연을 제가 그냥 담담히 써넣은 게 있습니다. 그것이 엄마에게 혹시 상처가 되지는 않을지….

하지만 저는 엄마에게 부탁하고 싶습니다. 엄마는 할 만큼 했으니 이제 제발 편해지시라고. 이 딸이 엄마의 커가는 딸이 아니라 같이 늙어가는 딸이기에 너무나도 잘 엄마를 이해할 수 있다고. 그리고 이제는 어깨를 펴시라고.

세상 어느 자식이 엄마를 좋아하는 데 이유가 있습니까? 그냥 엄마니까, 우리 엄마니까 좋은 것 아닌가요? 그렇게 무조건 좋은 우리 엄마, 엄마는 공기 같은 존재가 아닌가 생각합니다. 그 공기로 숨쉬고 살면서도 고마운 줄을 모르고 당연하게 생각하죠. 그러다가 그 공기가 없다고 생각하면….

저는 한 번도 엄마가 내 옆에 없을 수도 있다는 생각을 해본 적이 없습니다. 엄마는 늘 젊고, 엄마는 늘 내 곁에 있으면서 내가 해달라는 것 다 해주는 사람인 줄 알았습니다. 하지만 어느 날 문득, 할머니가 된 너무나 늙은 엄마의 모습을 보게 되었습니다. 그러다가 생각하기도 싫지만, 엄마가 언젠가는 내 곁을 떠나게 될 거라는 것을 알게 되었습니다.

그때의 막막함과 슬픔이란…. 저는 《친정엄마》라는 책을 통해서 감히 그것을 알려주고 싶었습니다. 영원한 나의 후원자, 나의 울타리, 언제나 내 편이고 나를 위해 희생해 주는 엄마가 언젠가는 자식들의 곁을 떠나는 날이 있다는 것을…. 자식들이 엄마에게 잘해줄 시간을 세월이 점점 뺏어 가고 있다는 것을.

2005년 여름

고 혜 정

증보
2
판

친정엄마

차
례

· 여는 글 _ 05

딸은 언젠가는 떠나보낼 자식 13
딸은 주고 싶은 도둑 23
이름이 예뻐야 팔자지 37

생일에 먹었던 팥칼국수 45
너 땜시 이러고 산다 53
엄마 때문에 못살아 61

처음이 중요허니당게 91
이런 애가 크믄 이뻐 103
아이고, 우리 사우 이뻐라 115

엄마의 약속 125
신부님은 무자식 139
그 놈의 개 때문에 145

아버지의 제사상 165
하늘나라에 계신 아버지에게 173
모지래기 엄마의 이모 생각 177

주민의리본 63빌딩께 가면요 197
딸바라기꽃 에미의 마음 205
엄마의 게 217

엄마의 자랑스러운 딸 233
엄마랑 나는 지금 냉전중 249
엄마와 딸의 나쁜 버릇 269

발음이 문제랑게 283
아빠, 아버지 291

· 닫는 글 _ 308

딸은 언젠가는 떠나보낼 자식

나는 서울예전(지금의 서울예술대학)의 88학번이다.

나의 고향은 전북 정읍… 정읍이라고 하면 사람들이 잘 몰라도 단풍으로 유명한 내장산이 있는 도시라고 하면 다들 안다.

그때만 해도 작고 잘 알지도 못하는 시골에서 서울예전을 간다는 건 실로 놀라운 일이었다. 정읍에선 서울예전이라는 학교도 잘 몰랐거니와 좀 안다는 사람들도 그 학교는 연예인들이 다니는 학교가 아니냐고 말할 정도였으니.

어쨌든 난 서울예전을 1988년도에 들어갔다. 20년 가까이 키우던 딸을 공부를 위해서 떼어놓아야 된다고, 그것도 눈감으면 코 베어간다는 무시무시한 서울 땅에 보내야 된다고 생각을 하니 부모님은 잠이 제대로 안 왔었나 보다.

"뭔 가시내가 이름도 모르는 대핵교를 간다고 저러는가 모르겄네, 암 다나 여그서 통학헐 만헌 디 댕겨서 시집 가믄 쓸 것인디."

적극적으로 날 말리진 못하셨지만 마루 끝에 앉아 담배를 빠시며 구시렁대는 아버지.

그럴 때마다 엄마는 "냅두쇼, 요새는 가시내들 시집 보낼라고 공부 안 시켜요, 다 지 밥벌이들 헌다고요, 그리고 쟈가 가는 학교가 시방 보통 핵교가 아니당게요" 하며 나를 지지해 주셨다.

하지만 막상 내가 짐을 챙겨 본격적인 서울 살이를 하기 위해 올라오려 할 때는 엄마가 소리 죽여 너무나 많이 흐느껴 우셨기에 난 발만 동동 굴렀다.

"엄마 땜시 나 서울 못 가겄네. 왜 운가? 이러다가 기차 놓치믄 엄마가 책임질랑가? 왜 그려?"

"너 오늘 이렇게 나가믄 인자는 이 집에 못 들어 온다이, 이것이 이 집을 영영 떠나는 것이여."

"안 그려, 자주 오께."

엄마와 나는 한참을 울었고 변변한 가방도 없던 나는 라면박스에

짐을 챙겨 엄마를 뒤로하고 서울행 열차를 탔다.

그랬다. 여자는 집을 떠나 시집을 간다는 것을 엄마는 이미 알고 있었기에 그 길이 내가 영영 집으로 다시 못 돌아오는 길이라는 것 또한 알고 계셨던 것이다. 가끔 찾아뵙는 것이 아닌 내가 떠난 둥지로 다시 찾아드는 그런 것 말이다. 그때 내가 그렇게 부모에게서 떨어져 나온 뒤 엄마의 말처럼 나는 영영 집으로 다시 돌아가지 못하고 결혼이라는 것을 하고 나의 가정으로 들어왔다.

그렇게 서울로 올라간 후 난 학교에 다니면서 한 달에 한 번씩은 꼭 집에 내려갔다. 가족이 그리워서도 그랬지만 아버지는 딸을 보기 위해서 머리를 쓰셨던 것이다. 한 달 용돈과 하숙비를 한 달에 한 번씩 직접 내려와서 가져가라는 것이었다. 돈을 부쳐버리면 딸이 서울생활에 재미 들려 시골집에는 한 번도 안 올까봐 생각해 내신 거였다. 그 방법은 제대로 먹혀서 나는 아무리 바쁘고 시험기간이라고 하더라도 한 달에 한 번은 집에 내려가야 했다.

내가 내려가는 날, 우리집은 잔칫집 같았다. 아버지는 싱글벙글이셨고, 엄마는 서울 생활에 배곯았을까 걱정돼서 온갖 맛있는 것은 다 해놓고 기다리셨으니…. 또 동생들은 누나의 서울 얘기가 뭐가 그리 재미있었을까? 난 서울에 살아도 학교와 집밖에 모르는 서울 촌년이었는데. 어쨌든 한 달에 한 번인 고향집 방문은 늘 나에게 행복이었다. 그렇게 익숙해질 무렵 나와 엄마가 기차역에서 목놓아 운 적이 한 번 있었다. 엄마 때문에, 너무나 못나고 너무나 좋은 우리 엄마 때문에.

그날도 한 달 용돈을 타기 위해 고향집에 갔다가 기차 시간에 맞춰서 올라오려는데 엄마가 기어이 역까지 배웅을 나오겠단다. 처음엔 괜찮다고 말렸지만 엄마가 하도 막무가내여서 할 수 없이 역까지 30분 정도를 걸어가며 이 얘기 저 얘기를 했다.

역에 도착하자 엄마는 나를 한쪽 구석의 의자로 끌었다. 그리고 주위의 눈치를 살핀 후 가방에서 뭔가를 꺼내는 것이었다. 칭칭 보자기로 동여맨 뭉치. 엄마는 주위 눈치를 살피며 그것을 풀기 시작했다. 풀고 또 풀고, 풀고 또 풀고. 나는 의아하게 보고만 서 있다가 물었다.

"엄마, 뭐여?"

"벨 것 아녀."

별 거 아니라며, 소중히 그리고 여러 겹으로 싼 것을 열심히 푸는

엄마. 몇 겹으로 싼 보자기를 풀어내자 구겨진 손수건이 나왔고, 그 다음에 라면봉지가 나왔다. 그리고 엄마가 그 라면봉지의 입구를 조심스럽게 열었을 땐….

그 안에는… 그 안에는 동전이 꽉 들어차 있었다.

오 원짜리에서부터 십 원, 오십 원, 드문드문 백 원짜리까지.

"야야, 이놈 서울 갖고 가서 써라. 서울은 발만 띄믄 돈이 든다는디, 늬 아부지가 주는 삥아리 눈물만헌 돈으로 뭣을 허겄냐? 이놈 갖고 가서 서울 친구들이랑 놀러도 가고 맛있는 것도 사 먹고 써라."

"어… 엄마, 이게 뭔 돈이여?"

"내가 니 생각을 허믄 뼈가 저리다. 서울에다 혼자 떼어 놓고 제대로 히주도 못허고… 내가 돈을 범사 내 맘대로 허겄지만 나도 니 아부지한테 타 쓰는 입장이니 어쩌겄냐? 이 돈은 아부지 몰라야. 내가 맨날 반찬 사고 남은 놈 모았다. 콩나물 200원어치 살라믄 150원어치만 사고, 두부도 반 모썩 사다 먹었당게, 어떻게든 모아서 너 좀 주고 싶어서야."

"누가 그러라고 했어? 왜 그렇게 궁상을 떨어? 나 아빠가 주는 돈으로도 충분헌디 왜 그려?"

"아무리 먹어도 허기진 것이 객지밥인디 오죽허겄냐? 너 서울 보내놓고 맛난 것을 못히 먹겄다, 내 새끼는 어디서 뭣을 먹고 있는가 싶으믄… 아야, 어서 가방에다 이거 넣어라. 몇만 원은 될 것이다."

"안 갖고 가, 나 이런 돈 없어도 된게 이 돈으로 엄마 사고 싶은 거 사."

"뭔 소리냐? 너 줄라고 모았는디."

"안 갖고 가 무겁단 말이여."

"안 무거, 갖고 가야."

"안 갖고 간당께. 아, 대체 몇 달을 모았길래 이만큼이여?"

"잔소리 헐 것 없고 어서 넣어라."

"엄마 쓰랑게 내가 동전 갖다가 어디다 써?"

"아녀, 나는 돈 쓸 디 하나도 없어야."

"왜 이런 짓을 헌가? 궁상맞게, 내가 언제 돈 많이 주라고 허든가?"

"너도 나중에 자식 낳아서 키워 봐, 이런 것쯤은 아무것도 아녀. 뭐든 못 히줘서 한이지. 너 나 이런 거 혹시라도 속상하게 생각지 마라. 나는 이 돈 모음서 얼마나 재미났는지 아냐? 동전 많이 모아서 너 줄 생각에 진짜로 신나고 좋았어야."

"나는 엄마 땜시 속상히서 못살겄네."

"하나 속상헐 것 없어, 나는 너한테 더 못히줘서 늘 눈물 나. 딸은 언젠가는 떠나보낼 자식이라 늘 마음이 짠헌디, 제대로 히주도 못 히서…."

"내가 엄마 땜시 못살아, 진짜 못산당게."

"그려, 알어. 엄마가 못나서 늘 너한티 미안혀."

"그게 아니랑게, 그게 아니라고."

엄마와 나는 그날, 서로 눈길을 피해 먼 곳을 보며 울고 또 울었다. 나중에 서울행 기차가 들어온다는 안내방송이 나올 때는 그때까지 서로를 위로하지도, 또 자신들의 감정을 추스르지도 못한 엄마와 나는 참았던 울음들이 복받쳐 엉엉 울었다. 그렇게 엄마를 역에 남기고 엄마가 꽁꽁 싸준 동전들을 들고 서울행 열차에 몸을 실었던 나.

그때 그 동전들을 난 어디에 썼을까? 기억이 잘 나지 않는다. 그 후, 난 정말 엄마의 말처럼 그렇게 서울에 올라와 다시는 고향집에 들어가지 못했다. 가끔 다니러는 내려갔지만 살러 가지 않았다는 얘기다. 그렇게 학교 때문에 나와서, 학교를 졸업한 후에는 일 때문에 서울에 있어야 했고, 그 다음엔 서울 남자를 만나서 결혼을 해서 새

둥지를 틀었으니 이 딸은 엄마와 아버지의 둥지로는 다시 돌아가지 못했다는 얘기다.

새 둥지에 살면서, 더 엄마가 그리워진다. 남편과 생활하며, 아이를 낳아 기르며, 나는 더 엄마를 이해하게 되고 엄마 때문에 눈물이 난다.

외출하고 돌아와 늘 아무 생각 없이 주머니의 동전들을 작은 동전 모으는 통에 넣다가 문득 엄마가 생각난다.

16년 전 우리 엄마는 객지 생활을 하는 딸을 위해 동전을 모으셨다. 객지 생활 하는 딸이 돈이 없어서 힘들까 봐 수입이 없는 엄마는 오 원짜리까지 모아서 딸에게 주셨다. 엄마~ 우리 엄마. 엄마, 난 엄마 딸인데 왜 엄마 마음의 십분의 일도 못 따라가지? 엄마는 세상에서 나를 제일 사랑하는데 나는 세상에서 제일 사랑하는 사람이 엄마가 아니어서 어떡해? 엄마, 그래도 나 예뻐? 엄마 딸이라 보기도 아깝고 예뻐?

딸은 주고 싶은 도둑

고향을 떠나 대학을 서울로 오면서 나는 이모네집 근처에서 자취를 했었다. 만리동 고갯길 쪽의 낡은 한옥집에서. 한 달에 한 번씩 생활비를 타러 내려가기도 했지만 가끔은 엄마가 반찬을 해서 나를 보러오곤 하셨다.

글도 잘 모르시고 서울 지리에 어두운 엄마는 기차표를 끊어 놓으시고 내게 전화를 해서 서울역으로 마중을 나와 줄 것을 늘 부탁하셨다. 서울이 너무 무섭다는 것이다. 지금은 어떤지 모르겠지만 그때만 해도 서울에 별로 올 일 없는 시골양반들이 시골에서 듣기로는 서울은 무시무시해서 사람 살 곳이 못 된다고들 말하니 정말 그런 줄들 알고 계셨던 거 같다.

나도 처음에 서울에 올라왔을 때는 정말 무섭긴 무서웠다. 맨 낯선 것 투성이고, 말투부터 다른 사람들을 대해야 했으니….

어쨌든 엄마는 서울은 무섭지만 딸은 너무 보고 싶으니 무서워도 할 수 없이 반찬을 해 들고 올라오시는 거다. 그러면 나는 좋아라 서울역으로 나가서 엄마를 맞이했고 우리는 종알종알 수다를 떨며 서울역에서 내가 살던 만리동 고개까지 걸어갔던 기억들이 난다.

그날도 엄마가 오신다는 시간에 맞춰서 서울역에 나갔다. 방송에서는 호남선의 도착을 알렸고, 잠시 후 사람들이 우르르 쏟아져 나오고 있었다. 나도 그 앞으로 가서 엄마를 찾느라 눈을 이리저리 굴리고 있는데 저쪽에서 정말, 난쟁이를 겨우 면한 듯한 작고 작은 우리 엄마가, 허리디스크 때문에 허리가 굽어 더 작아진 우리 엄마가, 고개가 삐뚤어지게 뭔가를 이고, 손에는 보따리를 들고 오고 계신 게 아닌가. 머리에 인 짐이 얼마나 무거운지 정말 고개가 삐뚤어지고 자라목이 되어, 힘이 드니 인상을 있는 대로 찡그리고 오시다가 두리번 두리번 나를 찾으시는 거 같았다.

그 모습에 얼마나 목이 메이던지… 내가 그 앞으로 다가가 '엄마' 하고 부르니 금세 얼굴이 환해지시며

'아이구 내 새끼' 하신다.

손에 들었던 짐은 내가 받아들고 머리에 인 짐은 그냥 엄마가 그대로 이시고 우리는 역사를 빠져나왔다. 내가 택시를 타고 가자고 했지만 엄마는 걸어다녀 보니 걸을 만하던데 왜 오늘은 택시를 타자고 하냐며 기어이 걸어가자고 하신다. 할 수 없이 우리는 걸으며 두런두런 얘기를 한다. 식구들의 안부며, 그동안의 근황 등….

그런데 내가 들고 가는 짐도 그날따라 더 무거웠고, 엄마가 이신 짐도 얼마나 무거운지 자라목을 한 엄마가 땀을 뻘뻘 흘리시며 숨을 고르신다. 인정머리 없는 딸은 그 모습을 못 본 적하기도 하고, 신경질만 냈다.

"대체 뭘 이렇게 갖고 온 거여. 무겁게."

"암 것도 아녀. 꼭 그렇게 먹잘 것도 없는 것이 무겁기만 허드라."

"김치나 좀 담아 오랬지 누가 이렇게 바리바리 해 오래?"

"아니, 암 것도 안 했는디 니가 좋아허는 것 쪼께씩 쪼께씩 허다 본께 이렇게 보따리만 커졌네. 어서 가자. 가서 밥 히먹자."

나는 이미 속이 상한 상태로 엄마에게 불퉁불퉁하며 걸었고, 엄마는 힘들게 만들어서 가져왔는데도 딸이 짐이 무겁다며 불퉁대니 미안해 하시며 당신이 힘든 것은 내색도 못하시는 것 같았다.

그렇게 서울역에서 걸어서 만리동 고개까지 걸어오는데 엄마는 머리에 인 짐보따리를 몇 번이고 추어 올리셨다.

그런데 집에 거의 다 와서 고갯길을 올라가는데 갑자기 엄마가 머리에 인 보자기가 풀리면서 그 안에 있던 물건들이 쏟아져 떨어지더니 만리동 고갯길을 굴러 내려가기 시작하는 거다.

엄마는 놀라서 "아이고 어쩌~" 하시며 머리에 인 짐보따리를 내 앞에 놓으시고 그 물건들을 따라 뛰신다. 우리 뒤를 따라 걸어 오던 사람들이 그 구르는 물건을 주워 주기도 하고 엄마가 정신 없이 주워서 치마폭에 담아오기도 했다.

엄마의 짐보따리를 탈출해 만리동 고개를 구르던 그 물건들이 과연 무엇이었을까? 그건 바로 파인애플 통조림하고 사과였다. 내가 어려서부터 과일을 좋아했고, 파인애플 통조림은 내가 아플 때마다 엄마가 사다 주시던 별식이었다. 사과와 파인애플 통조림은 내가 제일 좋아하고 잘 먹는 것들인 셈이다.

나는 서울역에서부터 참았던 목멤이 터지면서 엉엉 울며 엄마에게 짜증을 냈다.

"이게 다 뭐여? 이걸 왜 사와? 왜?"

"너 멕일라고."

"서울에도 널린 게 이런 거고 서울서 사면 더 좋아. 왜 이걸 시골서부터 사 갖고 옴서 고생이여?"

"너 보자마자 좀 멕일라고, 너 이거 먹는 입 좀 볼라고. 서울에도 있는 것 다 알아야, 그리도 너 빨리 멕이고 싶어서."

"아이고, 내가 진짜 엄마 땜에 못살아 이런 거 안 먹어. 사 오지마."

"그려, 인자 안 사 올란다. 가자. 근디 사과가 이렇게 다 깨져 버려서 어쩐다냐? 우리 딸은 모양이 미우믄 안 먹는디. 내가 이쁘게 깎어 놓으믄 먹을랑가" 하시며 만리동 고갯길을 구르던 사과를 닦으며 속상해 하셨다.

그렇게 집에 도착해서 보따리를 풀어보니 김치, 장조림, 홍어회, 멸치볶음, 콩조림, 굴비 등의 반찬과 감자, 파, 고추를 비롯한 흔하디흔한 야채들. 내가 이런 건 서울에도 많다며 짜증을 내자 엄마는 아무 소리도 안 하시고 내게서 등을 돌린 채 얼른얼른 가져온 것들을 냉장고 속에 집어넣어 버리신다.

내가 속상한 마음을 짜증으로 바꿔서 퉁명스럽게 말을 해대니 엄마가 서운하셨던지 눈물바람을 하시며 속내를 털어 놓으신다.

"너는 모를 것이다. 엄마 맘을. 너도 나중에 새끼 나서 키워 봐. 그때 엄마 생각 날 것인게. 나, 너 서울로 올라간 후로는 한 번도 니가 좋아허는 반찬은 안 히먹었어야. 내 새끼 좋아허는 거, 차마 내 새끼 빼놓고 못 먹겠데. 나, 너 서울 올라간 후로는 내 손으로 한 번도 과일 안 사 먹었어야. 너랑 같이 먹을라고. 새끼가 그런 것이다."

나도 다 안다. 엄마의 마음.

세상에 무조건적인 사랑을 줄 수 있는 건 엄마뿐이란다. 또 세상에 완벽한 내 편 또한 엄마뿐이고. 그러니 세상에 엄마처럼 좋은 게 또 있을까? 신이 인간을 만들어 놓고 일일이 다 보살펴줄 수가 없으니 엄마라는 존재를 만들었다는 얘기를 들은 적이 있다. 살아볼수록, 나이가 들수록 너무나 맞는 말이라는 생각이 든다.

세상에서 가장 흔한 것을 소중하게 들고 다니는 엄마. 아, 나는 왜 그럴까? 내 맘도 그게 아닌데. 다는 아닐지라도 나도 엄마 마음 어느 정도는 아는데. 왜 말을 곱고 예쁘게 하지 못하고 그렇게 맘에도 없는 소리를 해서 엄마 맘을 상하게 하는지 모르겠다.

내가 엄마에게 소리 지르며 우는 건 엄마가 딱하고 안쓰러워서

그러는 건데 그런 마음을 왜 나는 신경질로만 표현을 할까? 시어머니와 친정엄마를 대하는 태도는 이렇게 다르단다. 만약 두 분이 똑같이 뜨내기 약장수에게 쌈지 돈을 사기 당하고 와서 하소연을 하면 며느리는 "왜 그런 데를 가셨어요. 할 수 없죠. 잊으시고 다음부터는 그런데 절대 가지 마세요" 이러는데, 딸은 "잘한다 잘해, 내가 엄마 땜에 못 살아. 그런 데는 왜 따라다녀 가지고 그 꼴을 당해? 꼴 좋네 꼴좋아" 이런단다.

사실 며느리는 참 얌전한 모습이고, 딸은 아주 싸가지 없기 그지없는 말투지만 사실 딸들의 그 말 속에는 너무나 속상함과 안타까움이 들어 있는 것이다.

가끔 우리 친정엄마도 내가 엄마에게 너무 톡톡 부러지게 얘기를 해서 서운해라 하신다. 본심은 그게 아닌데 왜 말이 그렇게 나가는지 모르겠다. 나는 다른 사람에게는 싹싹하고 애교가 많다는 소리를 많이 듣는데 엄마한테는 그렇게 하지 못한다. 심지어는 간단한 고맙다는 말도 잘 표현 못하고 이상하게 표현하는 나쁜 버릇이 있다.

하찮은 예로 친정엄마는 내가 결혼을 한 지금까지도 우리집 김치와 밑반찬을 대신다. 옛날처럼 머리에 이고 오시는 게 아니라 요즘

은 택배로 부치시고 전화를 하시는데 택배를 받고 나면 나는 속이 상해서 죽을 지경이다. 원래 전라도 음식이 맛있고, 엄마가 워낙 음식솜씨가 좋으셔서 김치와 반찬을 다른 걸 못 먹고 계속 엄마에게 신세를 지고 있는데 택배를 받아 풀어보면 정말 눈물이 철철 흐른다.

김치도 한 가시가 아니라 배추김치, 열무김치, 갓김치, 파김치, 때에 따라 깻잎김치, 고구마순 김치에 생채, 깍두기까지 골고루 해 보내시고 마른반찬도 가지가지, 또 철에 맞는 나물 무치고, 생선은 1회용 봉투에 세 마리씩 넣어서 냉동실에 넣어놨다가 꺼내서 굽기만 하게 만들어서 보내시고, 사위 좋아하는 식혜, 철에 맞는 젓갈무침까지….

정말 그대로 다 풀어서 상을 차리면 웬만한 한정식 한 상은 차릴 정도로 반찬을 골고루 해 보내신다. 그것을 풀어서 한 가지 한 가지 꺼내놓으며 나는 가슴이 저리다. 이 많은 종류의 반찬을 혼자서 다 준비하시려면 얼마나 힘드셨을까. 그것도 허리도 좋지 않아서 거의 기다시피 하시면서.

그게 그렇게 걸리면 안 갖다 먹으면 되련만 엄마의 음식을 안 먹을 수가 없으니, 반찬들을 다 정리해서 냉장고에 넣어놓고, 엄마에게 전화를 건다. 택배 잘 받았다고 거는 것이다.

아니 그러면 예쁘고 곱게 "엄마, 택배 잘 받았어. 고마워요. 잘 먹을께요" 이러면 좀 좋겠는가.

그런데 내 마음은 그렇게 하고 싶은데 나는 전화기 너머로 엄마의 목소리가 들리면 신경질부터 낸다.

"내가 못살아, 왜 그렇게 많이 해보냈어. 허리도 아프다면서. 그리고 내가 파김치 해보내지 말라고 했지?"

"야야, 내가 어디서 들은게 파가 정신을 맑게 히준단다. 너처럼 신경 많이 쓰는 사람은 파를 많이 먹어야 혀."

"그런 말도 안 되는 소리는 어디서 들은 거야? 제발 파김치 좀 담어 보내지 마. 제발. 엄마 혼자 마당에 구부리고 앉아서 잔파 다듬고 있을 일을 생각하면 내가 미칠 거 같애."

"벨소리 다 헌다, 다 내 새끼 위해서 허는 것인디."

"엄마, 이제 나한테 그만 신경 써. 나 이제 김치도 사다 먹을 거야. 알았지?"

"그런 소리 말어, 내가 살아 있는 동안은 해 줄 것이여. 딸은, 딸

은 말이여. 주고 잡은 도둑이여."

    세상에, 말도 곱게 하지 않는 주고 잡은 도둑 딸년 때문에 엄마는 매번 그렇게 고생을 하시는 거다. 나도 택배를 받아서 풀 때 뿐이지, 냉장고에 엄마가 보내신 반찬들로 가득 채워놓고 나면 그렇게 흐뭇할 수가 없고, 상을 차려 가족과 먹을 때마다 엄마에게 고마움을 느낀다. 역시 우리 장모님 음식이 제일이라는 남편 앞에서 잠시 우쭐대며 "당신, 장가 잘 든 줄 알어"라며 잘난 척도 해보고.

    딸은 주고 싶은 도둑이라는 엄마 덕분에.

엄마가 없으면

… 엄마가 해주는 음식 먹고 싶어서 어쩌나.

　　… 엄마 냄새 맡고 싶으면 어쩌나?

　… 비오는 날 엄마 생각나서 미칠 거 같으면 어쩌나?

　… 엄마랑 얘기하고 싶고, 엄마 목소리 듣고 싶으면 어쩌나?

　　… '엄마'라고 소리내어 부르고 싶으면 어쩌나?

… 엄마가 나에게 잘해주던 생각이 새록새록 나면 어쩌나?

　… 자다가 문득문득 엄마 생각나면 난 어쩌나?

　… 엄마가 없으면 마흔이 다 된 나를 누가 '아가'라고 불러주고 엄마가 없으면 내 엉덩이는 누가 토닥여 주지?

　　… 과체중인 나에게 만날 야위겠다는 엄마.

… 내 나이를 들으면 네가 언제 그렇게 나이를 먹었냐는 엄마.

… 모기 때문에 친정에 못 오겠다는 내 딸에서 부채로 모기를 쫓으며 '모기야, 내 세게 물지 말고 나를 물어라'라고

… 모기에게 애원하는 엄마.

… 엄마, 엄마가 없으면 난 어떡해?

… 엄마가 내 옆에 없을 수도 있다는 생각 한 번도 안 해봤는데 지난번에 갔을 때 엄마가 마당에서 넘어지는 걸 보고 가슴이 덜컹했어.

… 우리 엄마는 만날 젊고, 우리 엄마는 늘 건강한 줄 알았는데.

… 나, 엄마한테 딸 노릇 할 시간을 점점 뺏기고 있는 거 맞지?

… 엄마, 제발 오래오래 내 곁에 있어 줘요.

이름이 예뻐야 미자지

내 이름은 고혜정. 나는 내 이름에 만족한다. 그렇게 딱히 싫을 이유가 없는 이름이다. 내가 만족하는 이 이름에도 엄마의 사연이 있다. 엄마가 아니었으면 이 이름은 내 이름이 안 될 수도 있는 이름이었다.

우리 집안에는 딸이 좀 많다. 우리집만 내 밑으로 아들이 셋이지, 큰아버지네집은 다들 딸들이 많다. 우리도 내 위로 언니가 하나 있었는데 일곱 살 때 병으로 잃고 나는 둘째딸로 태어났으면서 나중에 큰딸이 된 거다.

내가 태어날 때쯤, 우리 집안에는 유달리 딸들이 많았고, 우리집도 내가 둘째 딸이었던 것, 그러니 또 딸을 낳았다는 아버지의 말씀에 큰아버지는 인상을 찌푸리셨고, 이름을 지어달라는 아버지에게 윤달에 태어났으니 윤달 '윤'에 계집아이니 예쁘라고 아름다울 '미', '윤미, 고윤미'라는 이름을 성의 없이 지어 주시더란다.

그때는 대가족이라 우리 부모도 형님네와 함께 할머니를 모시고 살 때니 어려워서 싫다 좋다 표현도 못하고 쥐죽은듯이 살 때였다고 한다.

그런데 엄마는 그 이름이 그렇게 맘에 안 들었다고 한다. 또 딸을 낳았을망정, 내 새끼고 포동포동 흰떡같이 예쁜 딸을 윤달에 태어났다고 윤미라니…. 엄마는 표현은 못했지만 은근히 부아가 나더란다. 그래서 호적에는 윤미라고 올렸을망정 절대 윤미라고 안 부르고 그냥 '내 강아지'라고 부르다가 내가 기어다닐 때쯤 남의 집 일을 나가 돈을 벌어서 모았다고 한다.

그때 정읍에는 이름을 잘 짓는 작명가가 있었는데 그 사람에게 이름을 지으려면 그때돈 오천 원을 줘야 했다고 한다. 엄마는 열심히 돈을 모아, 오천 원을 만들어서 그 작명가를 찾아가서 나의 이름을 '고혜정'이라고 지어온 것이다.

그런데 시댁 어른들 무서워서 그 이름은 부르지도 못하고 엄마가 혼자서 나를 볼 때만 몰래 '혜정아~, 혜정아~' 하고 불러 보시고 흐뭇해 하시며 내 볼기짝을 막 두들기셨단다.

그러다가 우리 가족이 분가를 하게 되자 엄마는 내 이름을 얼른 혜정이로 호적을 바꾸었고 그때부터 사람들에게 내 이름을 알리고 윤미라고 부르는 게 싫으니 절대 그렇게 부르지 말라고 부탁도 하셨단다. 그때만 해도 호적의 이름 바꾸기가 그리 어렵지 않았나 보다.

그렇게 해서 지금까지 잘 불리고 있는 이름, 고혜정. 내가 나중에 커서 엄만 참 대단하다고 하자 엄마는 웃으며 그러신다.

"사람은 이름이 좋아야 혀. 이름대로 사는 것이거든. 야, 오상(요강)단지 금으로 만들어서 방안에 두고 본다고 사람들이 금단지라고 허는 줄 아냐? 뭣으로 만들었든 한 번 오강이라고 이름 붙으믄 오강인 것이여. 그리서 이름이 중헌 것이다" 하셨다.

과연 듣고 보니 그런 것 같기도 했다.

어쨌든 엄마 덕에 좋은 이름을 갖게 돼서 늘 감사하게 생각한다. 이렇게 이름에 대한 남다른 철학과 집착을 가지고 있는 엄마에게 내가 또 한 번 쇼크를 준 사건이 있었다.

1990년. 내가 MBC에 들어가서 일을 시작하게 되었다. 시골에서는 난리가 났다. 내가 뭘 하는지는 모르지만 방송국에 들어갔다는 자체가 시골 사람들에게는 놀라움이었고, 우리 부모에게 자식 잘 키웠다고 모두들 부러워했나 보다. 우리 부모도 너무 많이 놀라셨고 좋아하셨다.

그때 방송국에 들어가니 잘 기억은 안 나는데 학교 때 '가정환경 조사서' 처럼 어떤 서류를 주며 그것을 작성하라고 했다. 부모님 이름, 가족관계, 본적, 최종 학력… 뭐 이런 것들을 적었던 거 같다.

그런데 그때 난 주위의 동료들로부터 조금 놀림을 받았다. 우리 부모의 이름이 너무 특이하다고. 엄마의 이름은 내가 봐도 좀 특이하고 촌스러웠다. '노진예'. 이게 우리 엄마의 이름이다. 아무리 창피하다고 엄마의 이름을 거짓으로 쓸 수는 없는 것이니 나는 있는 그대로 사실대로 썼다. 그게 뭐 그리 창피하고 기죽을 일인가.

그리고 몇 주 후 집에 내려갔을 때 집안 식구들은 나에게 방송국 생활을 물었다. 동생들은 연예인 스캔들이 사실인지를 물었고, 아버지는 최불암이랑 김혜자 봤냐고 했고, 엄마는 일이 힘들지 않냐고도 물으셨다. 나는 아는 만큼 대답했고, 다 좋고 재밌다고 했다. 그러다가 나는 건성으로,

"나 엄마 땜에 챙피해서 죽을 뻔했네."

"왜야?"

"엄마는 이름이 노진예가 뭐야? 챙피하게. 다른 사람들 엄마 이름은 복희, 선화… 뭐 그런 건데 우리 엄마는 노진예, 그래서 그거 쓰는데 진짜 챙피하더라."

그냥 그렇게 우스갯소리로 말했었다. 그리고 오랜만에 고향을 찾았으니 친구들의 전화를 받고 나가서 밤늦도록 놀다가 들어와서 잤다. 그런데 다음날 아침, 엄마가 나를 깨우셨다.

"왜?"

"야, 너 얼른 올라가라."

"……"

"너 얼른 올라가서 헐 일 있어."

"무슨 일?"

"너 내 이름 땜시 챙피했다고 혔제? 너 얼른 방송국에 가서 그 서류 찾아서 엄마 이름 고쳐라."

"갑자기 왜?"

"야야, 방송국이 어떤 동네냐? 방송국서 알믄 다 아는 거 아니냐?

방송국 사람들이 니 엄마 이름이 그렇게 촌스럽고 안 이쁜 줄 알믄 두고두고 니 망신인게 얼른 많은 사람들이 보기 전에 바꿔."

"괜찮어."

"아녀, 두고두고 후회헐 일 만들지 말자. 내가 내 이름을 좋게 지었다."

"뭐라고 지었는데."

"노, 지, 예."

"노지예?"

"내가 이놈저놈 다 생각히 봤는디 그 이름이 젤로 고치기 좋겄어. 방송국 가서 그 서류 찾아다가 노진예에서 'ㄴ' 자만 침 발라서 싹싹 지워버리라. 그믄 노진예가 아니라 노지예 좋잖냐?" 하셨다.

어찌나 웃음이 나오던지 자다 일어나서 이불을 둘둘 감고 킥킥대며 웃었다. 나는 됐다고 괜찮다고 하는데도 엄마는 빨리 서울로 올라가서 그 일을 하라고 성화였다.

그때는 하도 웃겨서 '우리 엄마 진짜 웃긴다' 라고 생각했는데 시간이 지나고 어느 날 문득 그 일을 떠올려 보니 가슴이 뭉클했다. 나는 그냥 건성으로 얘기하고 친구들을 만나러 나가 버렸지만 엄마가 생각하실 때는 엄마의 촌스러운 이름 때문에 딸이 창피를 당하는 게 가슴이 아파 계속 그 이름을 바꿀 궁리를 했나 보다. 그것도 한 번 써 놓은 서류에 표나지 않게 잘 고칠 수 있으면서도 촌스럽지 않은 이름 으로. 그러려니 엄마 딴에는 얼마나 신경을 많이 썼겠는가.

그런 엄마의 마음을 생각하니 철없던 내 모습들이 정말 후회가 됐다.

그때 나는 방송국에 가서 그 서류를 찾아 엄마의 이름을 고치지 않았다. 엄마의 고생이 헛된 것 같아 좀 미안하기는 했지만 그건 그럴 일이 아니었다.

엄마가 쥐어 짜내서 생각해 낸 엄마의 가명 노지에. 그러나 그 이름은 그렇게 묻히지 않았다. 우리가 모르는 사이에 그 이름은 다른 데서 빛을 발하며 왕성한 활동을 하고 있었던 것이다.

시골 동네에는 의료기 홍보관들이 수시로 생기고, 시골을 떠도는 약장수들도 오고 그렇다. 그러면 엄마는 동네분들이랑 그런 데를 다니시는데 거기서 가끔 뭘 신청하거나 순서를 기다릴 때는 이름을 적는다고 한다. 그러니까 쉽게 말하면 엄마는 주민등록증 대조를 필요로 하지 않는 곳에서는 늘 이 노지예라는 이름을 쓰시는 거다.

친정 나들이를 갔다가 문득 엄마가 전화로 어디에 뭘 예약하시면서 '노지예'라는 이름을 대는 걸 보고 놀라서 물으니 엄마는 진지하게 그러신다.

"쉿, 동네사람들이 내 이름 이쁘다고 난리다. 암 말도 말어. 뭐, 돈 드는 일이냐? 이름이 이쁜게 얼마나 좋냐? 사람도 이뻐 보이지 않냐?" 하시며 당신이 생각해도 웃음이 나오시는지 내 눈치를 보며 히죽히죽 웃으신다.

나도 따라 웃으며 "내가 엄마 땜에 못산다 못살아" 하면서도 그런 엄마가 귀여웠다.

그리고 우리 남매들은 가끔 엄마를 놀릴 때 그 이름을 써먹는다.

"노지예 여사, 이름 값을 허셔야지, 그러면 되겠어요? 안 그래요, 노지예 여사?"

그러면 엄마는 놀리는 우리를 보시며 씨익 웃으신다. 그런 엄마의 웃는 모습이 지금 너무나 보고 싶다.

생일에 먹었던 팥칼국수

　엄마 생신이 돌아오면 늘 우리 가족들은 시골로 향한다. 한겨울이 생신인 엄마는 딱 방학기간이어서 우리가 움직이기가 좋다. 근데 폼나게 엄마 생신이라서 왔다고 하면서 사실 우리는 엄마를 힘들게만 하고 온다.
　잘난 봉투 하나 내밀며 '엄마는 현금을 더 좋아하지?' 하고는 그때부터 며칠간은 엄마가 해주는 맛있는 음식들을 먹으며 꼼짝하지 않고 뜨뜻한 온돌방에서 뒹굴뒹굴하다가 온다.
　엄마는 그 잘난 봉투 하나를 생일선물로 받고, 죽으라고 딸, 사위, 외손자들의 수발을 해대시는 거다. 당신의 생일날 아침에도 누가 생일상을 차려주기는커녕 당신 손으로 준비해서 자식들 깨워서 먹이시고 당신도 미역국에 한술 말아 드신다.

그게 미안해서 남편이 내게 한마디 하면

"내가 한 거 보다 엄마가 한 게 더 맛있잖아" 하고는 겨우 설거지 한 번 하는 나. 정말 못나고 게으른 딸이다. 엄마가 '괜찮다, 나는 이게 재미다'라고 말씀하시면 난 다 믿어버린다. 아니 다 믿고 싶다. 왜? 내가 하기 싫으니까. 그런데 이제 내 나이 마흔을 바라보고, 엄마의 굽은 등을 보며 생각한다.

'엄마 돌아가시기 전에 돈 봉투 대신, 내 손으로 끓인 미역국으로 생신상 한 번 차려 드리고 싶다'고.

엄마는 정말 많은 해 동안 내 생일상을 차리셨다. 그것도 정성껏. 마음속으로 딸의 행복과 무병장수를 빌며.

나는 고등학교까지 정읍에서 다니고 서울로 대학을 왔다. 서울에 와서 놀란 것이 많이 있지만 그 중 하나가 친구들이랑 분식집에 가서 칼국수를 시켜 먹던 일이다. 나는 아무렇지도 않게 칼국수를 시켰는데 내 앞에 나온 칼국수는 허연 칼국수였다.

내가 말한 칼국수는 팥국물을 낸 팥칼국수였는데… 근데 더 이상

한 것은 애들은 팥칼국수를 모르는 것이었다. 정읍에서는 허연 국물의 칼국수를 먹어 본 적이 없기 때문에 칼국수 하면 당연히 팥칼국순데 서울 애들은 아예 그걸 모르다니. 지금이야 조개 칼국수니 뭐니 친숙하지만 그때는 참 당황스러웠다. 나는 팥칼국수를 참 좋아한다. 아주 어려서부터 엄마가 해주시는 팥칼국수를 먹으며 자랐다. 특히 내 생일에는 엄마가 꼭 이걸 해주셨다. 생일에 국수를 먹어야 명이 길다며 내가 좋아하는 팥칼국수를 꼭 해주셨는데 이 팥칼국수가 손이 참 많이 가는 음식이다.

먼저 팥을 잘 씻어 푹 삶아, 양파망 같은 데다 넣고 앙금을 내야 하고, 밀가루 반죽을 해서 홍두깨로 밀고, 국수 모양으로 자르고 또 가마솥에다 불을 지펴서 끓이고 해야 한다.

내 생일은 음력 7월. 양력 8월이다 보니 얼마나 덥겠는가. 그런데 엄마는 그 더위에 딸이 좋아한다고, 딸이 오래 살기를 기원하며 팥칼국수를 해서 해마다 생일상을 차려주셨다. 정말 어른들 표현처럼 '팥죽 같은 땀을 뻘뻘 흘리시면서'.

    나는 그것을 너무나 당연한 행사로 받아들이며 지냈던 거 같다. 엄마의 깊은 마음은 알 리도 없고. 정말 못난 딸이었다. 그러나 딸은 시집가면 그때부터 엄마 맘 알고 진짜 딸 노릇 한다고 했던가? 나도 결혼하고 나서 새록새록 엄마를 이해하고, 엄마 맘도 알게 된 거 같다.

    '남편이 속 썩이면 속상하지만 자식이 속 썩이면 심장이 녹는다'는 말도 어렴풋이 알 거 같다. 이렇게 여자는 결혼해서 크고 작은 일을 겪으면서 엄마를 이해하고 알게 되어가나 보다.

    나는 결혼을 하고 나서는 내 생일에 한 번도 팥칼국수를 먹어 본 적이 없다. 시집을 오고 나니 아무도 내 수명에 대해서 걱정해 주는 사람이 없어서 그런가 보다. 늘 내 걱정을 해 주고 내 편이 되어 주는 딸바라기꽃 우리 엄마가 안 챙겨주면 내 생일을 그렇게 살뜰히 챙겨 주는 사람은 없다는 생각이 결혼하고 나서는 많이 들었다.

    내가 말하지 않으면 아무도 모르는 내 생일을 엄마는 늘 알고, 생일날 아침이면 전화를 주신다. '생일날 잘 먹어야 일 년 동안 잘 먹는 것이니 잘 먹으라는 얘기와 꼭 한 끼는 국수를 먹으라' 는 내용.

결혼한 여자의 생일은 그녀를 낳아 준 엄마 외에 누가 또 기억을 해 줄까? 딸바라기꽃 우리 엄마 말고는 내가 말하기 전에는 아무도 내 생일을 기억 못한다. 너무나 고마운 엄마.

아무도 기억 못하더라도 나를 세상에 내보내기 위해 죽을 힘을 다 쓴 엄마와, 엄마 뱃속에서 열 달 동안 지내다가 세상에 나오려고 무진장 애쓴 나와, 이렇게 우리 둘이 우리 식으로 생일을 축하합시다. 그래서 나는 언제부턴지 (결혼한 후) 내 생일이 오면 엄마에게 조금씩 돈을 부쳤다. 그리고 전화를 해서 이렇게 말한다.

"엄마, 이 더운 삼복더위에 나 낳느라 고생했지? 내가 돈 조금 보냈으니까 찾아서 시원하고 맛있는 거 사 드셔."

처음 그렇게 했을 때는 엄마가 너무 놀라고, 너무 감격해서 막 우셨다.

"세상에, 지 생일날 선물 안 히준다고 지랄허는 딸년은 있어도 지 생일날 저 낳느라고 고생했다고 돈 부쳐주는 딸은 이 세상에 없을 것이다" 하며.

그리고 두고두고 그걸 자랑하셨다. 그 다음 해부터는 그렇게 해

드리면 울지 않으시고 좋아하시며 누구누구랑 가서 맛있는 거 사 먹었다고 전화도 해 주시고 그랬다. 세상의 자식들에게 권하고 싶다. 자신의 생일날, 작은 선물이나 돈을 준비해서 부모님께 드려 보라. 좋아하시는 건 당연히고, 그걸 자랑하시느라 입에 침이 마르실 거다.

　연세가 드시면 자식들 자랑하는 재미가 큰 힘이고 삶의 활력인 것을 우리 자식들이 잘 알아야 하는데….

너 땜시 이러고 산다

얼마 전 인기 개그우먼이 남편의 폭행을 도저히 견디지 못하고 이혼소송을 낸 기사를 봤다. 너무나 가슴이 아팠다.

'매맞는 아내, 매맞는 아내'. 하지만 정말 당해 보지 않은 사람은 그 공포를 모를 것이다. 우리 엄마도 매맞는 아내였다.

아버지는 자식들에게 끔찍할 정도로 잘하셨지만, 화가 나시면 그렇게 엄마를 때리셨다. 평소에 금실이 나쁜 것도 아니었는데 이상하게 화만 나면 엄마를 때리는 걸로 화풀이를 하셨던 거 같다.

그런데 더 이상했던 것은 맞는 엄마가 찍 소리도 안 하는 것이었다. 아프다고 울거나 도망을 쳐야 되는데 꼼짝 하지 않고 그 매를 소리 죽여 울며 다 맞으셨다. 엄마가 반항을 하거나 소리를 내서야 누

군가가 와서 말려도 줄 것이고, 우리도 구경만 하지는 않고 어떤 액션을 취했을 텐데 엄마가 그렇게 꼼짝 안 하고 맞으시니 참….

철없을 땐 그런 것을 동생들과 함께 공포에 떨며 보거나 이웃집으로 도망쳐 버리곤 했는데 좀더 크게 되니 정말 그 일을 참을 수 없게 되었다.

내가 중학생쯤 되었을까? 그때는 엄마를 때리는 아버지가 짐승 같고 너무 미웠고, 소리 없이 맞고 있는 엄마도 너무 바보 같고 싫었다. 지금 생각하면 참 코미디 같고 웃기는 일인데 한 번은 이런 일도 있었다.

그날도 아버지가 엄마를 때리셨고, 우리는 구석에서 울고 있는데 찍소리도 않고 맞고 계시던 엄마가 맞다가 아버지를 보며 그러셨다.

"애들 배고프겠소, 밥 좀 챙겨주고 헙시다."

그러니 또 아버지는 순순히 앉으시며 계속 엄마에게 욕을 해대셨다. 엄마는 기다시피 부엌으로 나가시더니 잠시 후 밥상을 차려서 우리 앞에 놓으시며 어서 먹으라고 하시고는 다시 아까의 그 자리에 가서 앉으셨다. 당연히 아버지의 매질은 시작되었고.

그때는 그게 이해가 안 됐고, 지금 생각해도 정말 말도 안 되는 상황인데 진짜 그때 그랬다. 그런 상황에 우리가 울면서 그 밥상에 둘러앉아 밥을 먹었으면 제대로 된 코미디가 됐을까?

그러나 그때 우리는 밥을 먹을 수가 없었다. 아무리 철이 없어도 그 상황에…. 나는 너무 화가 나서 엄마와 아버지를 향해 밥상을 엎어버렸다. 그리고 소리를 질렀다

"죽여, 죽여. 엄마 죽이라고. 그렇게 엄마 골병들어서 죽게 하지 말고 한 번에 죽여 제발. 엄마도 그렇게 사느니 차라리 죽어. 죽어, 제발 엄마 죽어."

모두 다 놀란 거 같았다. 그 후 어떻게 됐을까? 나는 아버지에게 죽도록 맞고 기절했을까? 아니다, 진짜 이해 안 되는 우리 아버지였다. 진짜 희한한 건 아버지는 엄마는 그렇게 때리면서도 자식들한테는 손찌검 한 번을 안 하고 키우셨다.

가끔 엄마를 한 번씩 때릴 때 외에는 너무 좋은 가장이고 아버지셨다. 주변에서도 호인이라며 참 많은 사람들이 좋아하셨는데. 그런데 왜 엄마한테만 그랬는지 모르겠다.

그렇게 가끔 아버지에게 호된 매질을 당하며 살았던 엄마. 어느 날, 학교에서 돌아와 보니 아버지는 또 엄마를 때리고 계셨다. 늘 이

유는 하찮은 것이었다. 방에서는 엄마의 소리는 들리지도 않고 아버지가 엄마를 때리는 소리만 들렸다. 남동생들은 어디서 뭘 하며 놀았는지 숯검정이 되어서 마루 끝에 쪼르르 앉아 있다가 나를 보더니 삐죽삐죽 울었다. 그 동생들을 데리고 마루 끝에 앉아 나도 울었다. 사는 게 싫고, 슬펐다. 내가 여자인 것도 싫었다. 여자는 왜 저렇게 남자에게 맞으면서도 참고 살아야 하나? 하는 생각도 들었고, 우리 집은 왜 늘 이 모양인가 하는 생각도 들고… 그냥 그렇게 앉아서 내 설움에 겨워 울었다.

그렇게 있는데 방안은 조용해지고 방의 뒷문 열리는 소리가 났다. 우리는 울음을 멈추고 방안에서 나는 소리에 귀를 기울였다. 한참 동안 방안은 조용했다. 아버지가 주무시나 보다. 그렇게 엄마를 때리는 걸로 화풀이를 하고 난 아버지는 늘 자리를 펴고 누우셨다. 주무시는 게 아니라 주무시는 척하시려고. 조용한 걸 보니 또 자리를 펴고 누우신 거 같았다.

우리 4남매는 살금살금 뒷곁으로 가 보았다. 그랬더니 거기엔 입술이 터져 멍이 들고, 얼굴이 퉁퉁 부은 엄마가 훌쩍이며 앉아서 쌀을 씻고 계셨다. 우리는 엄마에게 다가가지도 못하고 고개를 다 외로 꼬고 눈물을 흘리고 있는데 엄마가 쌀 씻던 손을 멈추고 우리에게 이리 오라고 손짓을 하신다.

막내 동생은 얼른 달려가 안기고 다른 동생들은 천천히 다가갔지만 나는 그냥 서서 엄마를 쏘아보고 있었다. 바보 같은 엄마가 너무 싫어서. 엄마가 동생들을 안고 소리 죽여 우시며 나는 괜찮다는 말을 계속 되뇌이셨다. 잠시 후 내게 이리 오라고 손짓을 하셔서 내가 다가가 옆에 앉았더니 엄마는 대뜸 그러신다.

"배고프지? 얼른 밥히서 먹자."

"엄마, 아빠랑 살지마. 잘못도 없는 엄마를 맨날 때리잖아."

"아빠랑 안 살았으믄 좋겄냐?"

"이혼해, 아니면 서울로 도망가서 식모살이라도 허든지. 왜 맨날 이렇게 맞고 살어?"

그러자 엄마는 손으로 내 눈물을 닦아주며 조용히 말씀하셨다.

"나라고 왜 그런 생각 안 히봤겄냐? 이렇게 짐승같이 사느니 죽을라고도 생각히 보고, 어디 가믄 이 목구멍 하나 풀칠 못허겄냐 싶어서 도망갈라고도 생각히 봤다."

"근디 왜 못혀?"

엄마는 나를 빤히 쳐다보시며 살짝 웃으시고는

"너 땜시… 너 땜시 이러고 산다."

"왜? 왜 나 땜시?"

"내가 없으믄 니가 젤로 고생이여. 내가 허던 일 니가 다 히야 헐 것 아녀. 밥허고, 빨래허고, 동생들 치닥거리허고… 핵교도 지대로 다닐랑가도 모르고… 나 고생 안 헐라고 내 새끼 똥구덩이에 밀어넣겄냐? 나 없어지믄 니 인생 불 보듯 뻔헌디, 우리 새끼 인생 조져버리는 일을 내가 왜 혀, 나 하나 참으믄 될 것을."

그렇게 맞으면서도 참고 사시는 엄마가 바보 같고 싫었는데 그게 다 나 때문이란다. 나 때문에 엄마가 집안을 지키고 계시는 거란다. 엄마의 깊은 사랑을 모르고 나는 엄마를 바보라고 생각했다. 매맞으면서도 찍 소리도 못하고 사는 엄마를 미워하고 싫어하기도 했는데 엄마는 길고 넓게 못난 딸의 인생과 미래를 생각하고 계셨던 거다. 어린 나였지만 그건 정말 충격이었다.

나 때문에 엄마가 엄마의 인생을 포기하고 모진 매를 견디며 산다는 게. 아마, 난 그때부터 엄마를 생각하는 마음이 각별해진 거 같다. 절대 엄마를 속상하게 하지 않겠다는 결심. 내가 잘 돼서 엄마의 이런 희생이 절대 후회스럽지 않게 하겠다는 생각.

불쌍한 우리 엄마, 나 때문에 가슴 아픈 일은 절대 없게 하겠다는 마음으로 지금까지 살고 있다.

엄마 주위에서 그런단다.

"자네는 딸 덕 봐서 좋겠네, 세상에 이집 딸 같은 딸은 없어"라고. 정말 내가 엄마한테 잘하는지 못하는지는 잘 모르겠지만 내가 사람들이 부러워하는 딸이라면 그건 100% 엄마의 희생으로 만들어진 딸의 작은 보답이다.

난 지금도 주위 사람들에게 당당하게 말한다.

"난 우리 엄마 아니었으면 인생이 웃겼을 거야"라고.

자세한 내용을 모르는 사람들은 우리 엄마가 대단한 치맛바람으로 나를 잘 키우려고 노력하신 줄 알겠지만 사실 난 엄마의 남다른 희생과 사랑으로 이렇게 살고 있는 거다.

이 세상 부모들은 어떤 식으로든 다 자식들을 위해 희생하고 봉사하신다. 자식들은 그 희생과 봉사를 너무 당연하게 알거나 나이가 들어야 조금씩 알게 되는 거 같다. 어쩌면 나는 남들보다 조금 앞서서 알게 된 것일지도 모른다.

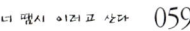

엄마, 나 만날 나 잘나서 이렇게 잘사는 것처럼 잘난 척하지만 사실은 엄마 덕분인 거 다 알고 얼마나 고마워하고 있는지 몰라.

엄마 가슴에 못 박는 일 안 하고 엄마의 자랑스러운 딸이 되겠다고 내가 예전에 약속했던 거, 엄마는 너무 어린 딸이 한 소리라 잊었을지 모르지만 난 늘 그 생각을 하며 살고 있어. 내가 만날 엄마 땜에 못살겠다고 입버릇처럼 말하지만 진심 아니야. 그건 정말 진심 아니야. 난, 엄마 땜에 살아. 엄마가 얼마나 나에게 큰 힘인데. 엄마, 제발… 제발 오래 사세요. 날 위해서.

엄마 때문에 못살아

　남편과 나는 1994년 10월에 처음 만났다. 그때 내 나이 스물 일곱, 남편의 나이는 서른 둘이었다. 별로 결혼에 생각도 없던 나에게 아는 사람이 한 번만 나가 봐라, 사람이 너무 괜찮다며 권해서 어쩔 수 없이 나간 자리였다.

　만나 보니 딱히 좋고 싫은 느낌이 없이 그냥 그랬다. 그런데 남편은 아니었나 보다. 혼자서 약속 장소에서 기다리고 있는데 웬 여자가 들어오더란다. 그래서 속으로 '야, 저 여자였으면 좋겠다' 라고 생각했는데 그 여자가 쓱 한 번 둘러보더니 그냥 나가더란다. 그래서 속으로 '그럼 그렇지. 내 복에 무슨…' 이라고 생각했는데 잠시 후 그 여자가 아는 사람과 같이 들어오더란다.

그게 바로 우리를 소개시켜 준 사람과 나였던 거다. 그래서 남편은 나와 정식으로 인사를 나누기도 전에 나랑 결혼할 결심을 굳혔다고 한다.

그런데 나는 처음부터 별 생각 없이 갔었기 때문에 그저 그렇고 시큰둥했다. 그래서 그날 같이 시간을 보내고 헤어질 때는 아주 형식적인 인사만 하고 헤어졌었다. 그날이 토요일이었는데, 그렇게 헤어진 후 그 남자는 그 다음 주 월요일부터 무작정 방송국 앞에 와서 나를 기다리는 거였다.

회사에다는 뭐라고 거짓말을 하고 나오는지는 모르지만 하여튼 집요했다. 그래서 나는 내 삐삐번호랑 전화번호를 가르쳐주며 무작정 오지 말고 약속을 정하고 만나자고 했고 그렇게 거의 매일 만났다. 그렇게 우리는 거의 매일 만나면서 일 년 정도 연애를 했다.

그러던 어느 날, 남자의 아버지(지금의 시아버님)가 나를 보자고 하신다는 얘기를 듣고 명동의 한 커피숍에서 만나 인사를 드렸는데 참 좋은 인상이셨고 나에게도 호의적이셨다. 그러면서 하시는 말씀이 "나이도 찰 만큼 찼으니 교제는 그만하고 결혼을 하라"는 것이었다. 우리도 별 거부감 없이 알겠다고 말씀을 드렸다.

정식으로 프로포즈를 받거나 한 적은 없었지만 우리 두 사람은 우리가 결혼하는 걸 당연하게 생각하고 있었던 것 같다.

그렇게 아버님을 만나고 난 후에는 일이 빨리 진행되었다. 며칠 후, 그 남자의 집에 저녁 초대를 받았다. 말하자면 처음으로 신랑 될 사람의 가족들에게 인사를 가는 자리였던 것이다.

나는 정말 긴장이 많이 되었다. 어려운 자리이고, 생전 처음 보는 나의 가족이 될 사람들. 정말 잘 보이고 싶었다. 그래서 그날 입고 갈 옷도 사고, 가지고 갈 꽃바구니도 주문해 놓고, 케이크와 선물도 준비했다.

나름대로 최선을 다해서 애인과 애인의 집을 방문하게 된 것이다. 긴장하고 흥분해서 조잘대는 나와는 달리 애인은 아무 말도 없이 그냥 심각한 얼굴로 운전만 했다. 나는 앞으로 일어날 일을 전혀 예상도 못하고 초대받은 그 집을 향해 갔다.

나의 예상과 달리 그것은 반가운 초대가 아니었다. 나중에 얘기를 들어보니, 애인네 가족들은 나를 보지도 않고 조건이 별로 좋지 않다는 이유로 교제와 결혼을 반대하고 있는 입장이었고, 아버님은 나를 보시고 난 후에는 내가 맘에 들어서 우호적인 입장이셨던 거다.

애인의 가족은 아버지, 어머니, 형과 형수 그리고 남편이었는데 남편이야 나를 사랑하니 결혼하고 싶은 건 당연한 거고, 아버님은 우호적이셨으나, 다른 가족들은 반대가 무지 심했었단다. 특히 어머님이.

조건으로 볼 때 애인은 미국에서 자동차 석박사를 했고, 키 180㎝에 몸무게 80㎏의 훤칠한 외모, 형제 중 차남, 집안도 무역업 하시는 아버님 덕분에 돈도 있고 잘사는 집 아들, 학벌, 인물, 집안 뭐하나 빠지는 거 없는 사람이었으니 어머니 입장에서는 고르고 골라 좋은 여자와 짝을 맺어주고 싶은 마음이야 당연했으리라.

그런데 어느 날 교제하고 있다는 아가씨 얘기를 들으니, 집은 저 전라도 시골의 없는 집안의 맏딸에 줄줄이 남동생만 셋이라고 하고, 학교는 전문대 졸업에, 직업은 방송국에 다닌다는데 전문대 나온 여자가 방송국에서 할 일이라면 뭐 겠는가? 별 볼일 없는 것은 뻔한 거 아닌가 싶으셨나 보다. 그래서 그런지 나를 만나보기도 전에 나와 교제한다는 사실을 아시고부터 계속 반대하고 애인을 설득도 하시고 협박도 하시고 그러셨나 보다.

그러나 애인은 나와 일 년 가까이 사귀면서도 한 번도 그런 내색을 안 했기에 나는 그런 집안 분위기를 전혀 눈치 채지 못하고 있었고, 아버님을 뵈었을 때 상당히 호의적이셨기에 짐작도 못했었다.

그렇다면 왜 나를 그 집에 저녁 초대를 했느냐? 하도 반대가 극심하니 아버님께서 나서서 사람을 만나보면 마음이 달라질 것이다. 시들 좋다면 결혼을 시켜야지 사람은 보지도 않고 조건만 따져서 반대를 한다는 것은 말도 안 되지 않느냐고 일단 만나 보라고 하셔서 그런 자리가 마련이 된 것이다. 그리고 워낙 말이 없고 점잖기만 한 애인은 이렇다 저렇다 자기 의사표현 한마디 없이 그저 집안 상황을 보고만 있었던가 보다.

그렇게 아무것도 모르고 첫인사를 드리러 간 나. 그런 집안 분위기를 다 알면서도 나를 자기 차에 태워 집에 데리고 가면서도 한마디도 언질을 주지 않았던 애인…. 나는 드디어 집 앞에 도착했고, 나는 준비해 온 것들을 들고 조신하게 집안으로 들어갔다.

그런데 집안 분위기가 이상한 거다. 거실에 들어서기는 들어섰는데 아버님 혼자만 계시고, 다른 사람들은 보이지 않았다. 그런데 아버님과 애인도 한숨만 쉴 뿐 말 없이 내 눈치만 봤다. 잠시 후 형수라는 사람이 나와서 형식적인 인사를 했고, 서로들 말 없이 서있기만 했다. 어색한 분위기가 잠시 흐르고 아버님이 내게 앉기를 권하셨고, 형수에게는 들어가서 어머니를 모시고 나오라고 했다.

　들어간 형수는 한참이 지나서야 나와서는 어머님께서 안 나오시겠다고 한다는 말을 전했다. 아버님은 언성을 높이셨고, 빨리 나오라고 소리를 지르셨다. 그때서야 나는 뭔가가 잘못되어 있는 걸 알았다. 그래서 어리둥절하며 있는데, 잠시 후 다시 들어간 형수와 같이 나오신 시어머님이 자리에 앉으시자마자 손바닥으로 거실의 탁자를 쳐가며 내게 소리를 지르시는 거다.

　"정숙치 못하게 남의 아들 꼬셔서 혼을 빼놔? 내가 그런 거지 같은 집안에서 며느리 데려오려고 아들 키운 줄 알아? 어림도 없는 소리 하지도 말어" 하신다.

　놀라고 당황한 나는 어쩔 줄을 모르고 애인을 보는데 애인은 그저 고개를 푹 숙인 채 말이 없다. 아버님과 형수 되는 사람도 먼 곳만 보고 있었다. 어머님의 말씀은 계속되었다.

　"우리 아들 지금까지 엄마 말이라면 한 번도 거역한 적 없는 아이야. 니가 얼마나 혼을 빼놨는지 내가 그렇게 너 만나지 말라고 잠 안

재우고 벌 세워도 이놈 자식이 말을 안 들어. 아니 집안이 근본이 있는 것도 아니고, 학교도 전문대 나왔다고 하고, 아가씨 방송국에서 뭐 하는지는 몰라도 나 방송국사람들 싫어해. 나, 이 결혼 못 시키니까 꿈도 꾸지마. 이 머저리 같은 놈. 어디서 여자를 골라도….”

순간 쏟아지려는 눈물을 참으며 나는 생각했다.

'내가 왜 생전 처음 와 보는 집에서 생전 처음 보는 사람한테 이런 수모를 당해야 되나, 정신차리자.'

그리고 나는 정신을 똑바로 차리고 당돌하게 말했다.

“고정하십시오, 저 이 결혼 안 하겠습니다. 저는 이렇게 반대하시는 줄 모르고 왔어요. 알면 안 왔죠. 그리고 저 근본 있습니다. 세상에 근본이 없는 사람이 어디 있습니까? 별 볼일 없는 근본이어서 그렇지 저 근본 있어요. 집안이 별 볼일 없는 건 사실입니다. 그런데 집안이 대단하면 이래도 되는 겁니까? 생전 처음 보는 사람을 집에 초대해 놓고, 차 한 잔도 안 주면서 이렇게 몰아세우시는 게 좋은 집안의 손님 접대법인가요?”

“아이구 건방지기까지….”

나는 정말 분해서 참을 수가 없었다. 근본 없고 별 볼일 없는 집안이라…. 거기다 어머니가 그렇게 해대는데도 어머니를 말리거나 나를 두둔하지 않고 고개만 숙이고 있는 애인이 그렇게 미울 수가 없었다. 이럴 거 왜 날 이런 자리에 데려왔단 말인가. 분하고 화가 났지만 이를 악물었다. 그리고 최대한 교양 있고 공손하게 말하도록 노력했다.

"저, 이 결혼 절대 안 하고, 이 사람 다시는 안 만날 테니 제 걱정은 마시고 앞으로 아드님 건사나 잘하십시오. 그리고 이 꽃이랑 케이크는 제가 다시 가져가겠습니다. 분위기를 보아하니 저 가고 나면 버리실 거 같은데 제가 산 거, 버려도 제 손으로 버리겠습니다."

하며 사들고 갔던 것들을 다시 들고 일어서서 나오려는데… 그때까지 고개 숙이고 아무 말 없던 애인이 그때서야 안 되겠다는 생각이 들었는지 내가 현관문을 열고 나가려는 순간 후닥닥 뛰어나와 내 손을 잡더니 울면서 외쳤다.

"엄마, 나 얘랑 결혼 할래요. 나 얘 아니면 죽어요."

그때까지 꾹 참고 있던 내가 나도 모르게 피가 거꾸로 솟는 듯하며 모든 화풀이를 애인에게 해댔다.

"뭐, 이 거지 같은 새끼야. 이 꼴 당하게 하려고 나를 너희 집에 데려왔니? 왜 이렇다고 얘기 안 했어? 나 바보 만드니까 좋으냐, 좋아? 니네 집이 얼마나 잘났기에 남의 집 귀한 딸 첫 대면에 이런 모욕을 줘? 내 자식 귀하면 남의 자식 귀한 줄도 알아야지. 우리 부모가 내가 여기서 이 꼴을 당한 줄 알면 피 토하고 가슴 쥐어뜯다가 죽어. 알어?"

"미안해, 잘못했어. 제발 우리 결혼하자. 나 너 없으면 안 돼."

"웃기지마, 난 너 없어도 충분히 살아. 너는 니 엄마가 골라주는 근본 있고 대단한 집안 여자랑 결혼해라."

"안 돼, 난 안 돼 제발 제발…."

우리가 현관 앞에서 그러고 있는 모습을 어머님이 보시니 지금까지 잘난 아들을 어떤 여우 같은 년이 꼬셨다고 생각했었는데, 지금 하는 꼴을 보니 여자는 오히려 그저 그런 거 같은데, 잘난 아들이 못난 여자한테 질질 짜며 매달리고 있는 것 아닌가. 그 모습에 자존심이 상하고 분해서 화를 못 이기신 어머니는 아들의 이름을 처절하게 부르시더니 그대로 쓰러지셨다. 모두 난리가 나서 청심환을 찾고, 냉수를 찾고 야단법석이었다.

애인 집에 첫 인사드리러 가서 숟가락에 청심환 으깨서 시어머니

되실 분 입에 넣어준 여자는 그리 흔치 않을 거다. 그 흔치 않은 여자가 바로 나다. 어쨌든 위급한 상황은 넘겨야 했으니.

어쨌든 나중에 어머님이 정신이 드셨고, 밖에서 술을 마시고 뒤늦게 들어온 형까지 합세해서 다시 한 번 집안이 들쑤셔지고, 나는 정말 그때 내가 싫고 슬펐다. 내가 왜 그리도 밉고 바보 같고 싫던지. 그래도 그 자리에서는 내 모습을 꿋꿋이 지켜야 했고, 이런 일을 만들어서 죄송하다는 말만 계속 되풀이하고는 그 집을 나왔다.

택시를 잡으려는데 애인이 자꾸 데려다주겠단다. 그 꼴을 당하고 내가 애인 얼굴을 보고 싶겠는가. 그때 심정으로는 '너는 이제 끝이야' 라고 생각하고 있었다.

괜찮다고 하는데도 끝까지 태워다 주겠다고 하기에 애인의 차를 타고 가는데 가면서 애인이 말했다.

"우리 미국에 가서 결혼도 하고 거기서 살자. 나 거기에 친구도 많고, 좋은 데 취직도 할 수 있어."

"갈려면 자기나 가, 나는 내가 좋아하는 가족, 친구, 일이 다 여기 있는데 내가 왜 가? 그리고 자기는 영어나 잘하지만 난 뭐야? 가면 벙어리에 바보될 텐데. 난 싫어."

"그럼 어떡해?"

"좋은 여자 만나서 결혼해. 나같이 별 볼일 없는 여자한테 이러지 말고."

"좋아, 그럼 우리 같이 죽자. 그 수밖에 없어. 같이 인천바다에 빠져 죽자구."

그러면서 차를 인천 쪽으로 돌리는 거다. 겁도 나고 황당하기도 하면서 나는 화가 났다. 그래서 또 반말로 소리를 질렀다.

"야, 죽으려면 너나 죽어. 너나 니네 엄마 치마폭에 코 박고 죽을 일이지 왜 나까지 죽이려고 해? 난 싫어 난 안 죽을 거라구."

"그럼 넌 나 없이 살 수 있어?"

"살 수 있어, 왜 못 살아. 걱정도 마."

"좋아 그럼 너, 한 남자가 한 여자 때문에 얼마나 망가질 수 있는지를 내가 보여줄게."

"나한테 협박해 봤자 안 먹혀, 니네 엄마한테나 가서 해."

그랬더니 갑자기 차를 세우더니 펑펑 울며 차를 주먹으로 치고 발로 차며 소리를 지른다. 그 모습을 보니 참 안 됐어서 나도 주저앉아서 같이 울었다. 그렇게 한참을 울고 우리는 다시 마음을 다잡고 애인의 집으로 다시 가서 무릎을 꿇고 제발 결혼을 허락해 달라고 애원했다. 어머니는 조금 누그러진 상태로 "결혼하고 싶으면 해라. 그런데 너, 엄마는 없다고 생각하고 살아라. 나도 아들 하나 없다고 생각하고 살 테니" 하고 들어가 버리셨다.

어쨌든 그런 일을 겪고 집에 돌아와 잠을 자는 둥 마는 둥 이 생각 저 생각을 하다가 이 결혼은 하지 말아야겠다고 결정하고 다음날 아침 일찍 짐을 챙겨 시골집으로 가버렸다. 집에다는 휴가라고 거짓말을 했고, 엄마는 연락도 없이 온 딸이 반가워서 뭐 먹고 싶냐고 호들갑이시고, 아버지는 닭도 잡으시고 딸이 좋아하는 과일을 박스로 사들이고, 동생들은 내가 주는 용돈에 싱글벙글 '우리 누나 우리 누나' 그러면서 난리다. 그런 가족과는 달리 나는 그저 눈물만 났다. 그때는 무슨 생각에 그렇게 눈물이 났는지, 눈을 떠도 눈을 감아도 그냥 눈물만 났다.

우리 집안과 가족에 대한 원망은 눈곱만큼도 없었다. 오히려 우리 아버지, 엄마, 내 동생들이 너무 불쌍하고 미안해서 마음이 아팠다. 자신들이 못난 딸, 못난 누나 때문에 근본 없는 별 볼일 없는 집안의 사람이 되어 있는 것도 모르고 그저 나를 보며 좋아하는 우리

가족들.

이 가족들이 나에게 살아가는 힘인데 이 가족들을 누가 욕하는 건… 정말 참을 수 없었다. 나는 우리 가족들을 보며 마음을 다잡았다. 나도 우리집에서는 귀한 딸이고 이렇게 환영받는 존잰데.

그렇게 하루를 자고 나니 애인이 정읍에 와 있다는 연락이 왔다. 내가 그날 이후 연락도 안 되고 없어져서 수소문 끝에 정읍 우리집까지 찾아올 생각으로 왔단다.

어찌어찌해서 우리집에 온 애인. 나는 그 집에서 있었던 일은 애기 안 했고, 우리 가족들은 갑자기 들이닥친 사윗감, 매형감에 놀라고 반가워했다. 우리집에서는 애인을 맘에 들어라 했고, 우리 부모님은 '니들이 좋다면 결혼해라'였다.

애인은 코가 땅에 닿게 감사하다는 인사를 했고 나는 한숨만 나왔다. 그렇게 애인과 함께 다시 서울에 올라오는데 애인이 말했다. 엄마도 이제 반은 허락을 하셨고, 아버지가 빨리 서둘러서 이 해가 가기 전에 결혼식을 올리라고 했다는 거다.

그때가 10월이었으니 그해라 해도 두 달밖에 안 남았고, 예식장도 이미 예약이 끝나서 잡을 수도 없는 상황이었다. 나는 이 결혼 안

한다고 버티기도 하고 피하기도 했지만 이 일이 길어져서는 안 되겠다고 생각하신 아버님이 급히 일을 서두르셔서 진행시키셨기에 우리는 따르는 수밖에 없었다.

아버님은 양가 어른들이 예식 전에 얼굴은 알아야 되는 거 아니냐고 하며 상견례자리를 마련하자고 하셨고, 나는 어머님이 계속 반대하시는 걸 알기에 그런 자리를 마련한다는 게 여간 부담스러운 게 아니었다. 하지만 아버님이 그렇게 격식을 따져서 준비해 주시는데 거역할 수가 없어서 시골의 우리 부모님에게 알렸다.

나는 애인이 자신이 어머니에게 1년 이상 괴롭힘을 당하면서도 나에게는 내색도 안 하고 내가 그 집에 초대되어 갈 때까지 한마디도 안 해줬던 것을 엄청 섭섭해했었는데 내가 당해보니 그 심정을 알 거 같았다.

나도 상견례 당일까지도 우리 부모에게 저쪽 어머니가 반대하신다는 얘기를 못했다. 말해서 일을 크게 만드느니 어떻게 그날 하루만 잘 넘겨서 결혼하고 나면 되겠지라는 생각과, 또 일이 이렇게까지 진행되었는데 시어머님이 설마 상견례 자리에서까지 그러시진 않겠지 하는 안일한 생각을 했던 것 같다.

하지만 예상을 뒤엎는 일이 생기고 내가 죽을 때까지 잊지 못할 일이, 그리고 우리 엄마가 죽은 후에도 내가 가장 가슴 아파해야 할 일이 그날 일어난 것이다.

상견례날.

약속장소는 마포 가든호텔 커피숍.

엄마와 아버지는 하루 전날 올라오셔서 아현동의 이모집에서 주무시면서 사돈 될 양반들에게 실례되지 않고 점잖게 보일 말들을 이모와 준비하셨고, 당일 아침에 엄마는 처음 사돈 될 양반을 만나는 자리라며 한복까지 곱게 차려입고 나서셨다. 그렇게 엄마와 아버지를 모시고 택시를 타고 약속장소를 향해 갔다.

택시에서 내려 이제 횡단보도만 건너면 된다. 약속장소를 눈앞에 두고 흥분해 있는 엄마. 자신이 시골양반이라 촌스러워 보이지 않느냐 걱정하며 볼연지를 바른 것처럼 빨갛게 상기된 얼굴로 나를 본다. 진짜 가슴이 아프고, 나 때문에 우리 엄마 마음에 상처가 남으면 어떡하나 하는 생각에 눈물이 나왔다.

가든호텔 앞 횡단보도. 나는 도저히 안 되겠다 싶어 횡단보도를 건너며 엄마에게 넌지시 말했다.

"엄마 사실은 저쪽 집에서 좀 반대해."

"뭣이여?"

"시어머니 되실 분이 좀 반대한다구."

"나 안 가. 그걸 왜 인자 얘기 혀. 진작 말했으믄 나 안 왔지."

"엄마 안 올까봐 얘기 못한 거야."

"나 안 가. 그런 자리를 왜 가? 여보, 이리 오쇼. 가지 맙시다."

앞서 가시던 아버지는 뭔 일인가 싶어서 보시고, 가든호텔 앞 횡단보도에서 우리 셋은 그렇게 서서 얘기를 주고받다가 신호가 바뀔 때 어쩔 수 없이 가든호텔 쪽으로 뛰어서 건넜다. 얘기를 들으신 아버지는 그래도 여기까지 왔으니 인사는 하고 가자고 엄마를 달래셨다. 엄마도 그러는 게 낫겠다 싶었는지 순순히 따라오셨다.

그렇게 해서 만나게 된 자리. 그쪽에서는 시아버지 되실 분, 시어머니 되실 분, 그리고 애인.

우리 쪽에서는 아버지, 엄마, 그리고 나.

그쪽에서 먼저 와 계셨다. 우리가 들어가서 인사를 했을 때 시아버지와 아버지는 악수를 하시며 서로 반가워 하셨는데 시어머니는 그대로 앉아서 창 밖만 보고 계셨다. 엄마는 거기서부터 감정이 상하신 거다. 내가 보니 엄마도 시어머니에게는 인사도 안 하신 채 그 맞은편에 앉아 똑같이 창 밖을 보셨다.

정말 살얼음판이었다.

아버지와 시아버님은 이런 저런 얘기를 나누셨지만 엄마와 시어머니는 서로 창 밖만 보시면서 기 싸움을 하시는 것 같았다.

그러다가 먼저 시어머님이 말문을 여셨다.

"나는 쟤 맘에 안 들어요. 아들 하나 없는 셈 칠 테니 알아서들 하세요."

찬물을 끼얹은 듯 분위기는 싸아 해졌고 나는 그냥 맥이 딱 풀리면서 눈물이 주르륵 흘렀다. 그런데 그때 우리 엄마의 점잖은 목소리가 들린다.

"대체 우리 딸, 어디가 맘에 안 드십니까?"

"다 맘에 안 들어요."

"참, 경우도 없으시네, 남의 자식을 그렇게 말씀하시믄 안 되지요. 나는 댁의 아드님 맘에 들어서 좋아라 여기 온 줄 아쇼? 내 새끼가 좋다고 허니, 내 새끼 가슴에 상처 안 줄라고 따르는 것이지. 나도 따지기로 허믄 따질 거 많아요."

"아니 맘에 안 드시면 안 하시믄 되겠네?"

"그게 어디 우리 맘대로 돼요? 이미 지들 마음에 불이 붙었는디. 옛말에 혼인치레 자랑 말고 팔자치레 허라고 혔어요. 지들끼리 아무렇게나 만나도 인연이믄 잘살 것이고 아니믄 말 것인디 그렇게 부모가 나서서 자식들 가슴에 상처주믄 쓰겄어요?"

엄마는 평소와는 달리 너무나 점잖고 품위 있게 말씀하셨다. 나는 시어머니쪽에서 그렇게 나오면 순박한 우리 엄마는 못난 자신을 원망하며 우시기만 할 뿐 아무 말씀도 못하실 줄 알았는데 정말 의외였다. 늘 못 배운 티 날까봐 모르는 사람이나 어려운 자리에서는 말씀을 잘 안 하시는 성격이신데 그날은 자식 일이다 보니 이대로 당할 수만은 없다는 생각이 드셨는지 너무도 당당하고 조리 있게 따지셨다. 내가 엄마를 닮아서 그런지 늘 좀 어수룩한 거 같다가도 결정적인 순간에 가서는 당당하고 똑똑할 때가 많다.

어쨌든 그날은 엄마의 당당함과 조리 있는 언변에 내가 많이 놀란 날이기도 하다.

"내가 저런 애 며느리로 맞으려고 우리 아들 미국 유학까지 보낸 줄 알아요? 나 쟤 유학 보내놓고 그 뒷바라지하면서 얼마나 힘들었는지 아세요?"

"그믄 그 집 아들 배울 때 우리 딸은 놀았소? 우리 딸도 미국 유학은 안 갔어도 우리 형편에는 최선을 다해서 가르쳤소."

"그쪽이야 전문대 2년이지만 우리 아들은 대학 4년에 미국에서 6년이에요."

그때까지 품위를 지키려고 점잖게 말씀하시던 엄마가 갑자기 그 대목에서 목소리를 높이신다.

"아, 그러셔요? 그 집 아들 부모 잘 만나서 부모 돈으로 대학 댕기고 미국 유학 갔을 때 내 새끼는 못난 부모 땜시 아르바이트 험서 청바지 하나로 대학교 2년 다녔어요. 그 2년 다니고 졸업허자마자 방송국 들어가서 돈 벌어서 못난 부모 도와준다고 집에 돈 부치고 동생들 학비 댔어요. 그 집 아들 유학 갔을 때 내 새끼는 부모 떨어져서 배 곯아감서 돈 벌어서 집에 부쳤다고요. 그리도 못난 부모라 하도 살기 팍팍해서 돈 보내지 말고 너 쓰란 소리 못허고 보내믄 넙죽넙죽 받아쓴 사람이 우리요. 넘의 집 딸들은 대학 4년 나와서 집에서 놀다가 부모가 바리바리 히주는 혼수 갖고 시집가는디 우리 딸은 전문대학 2년 다니고 우리 집 기둥된 딸이요. 나는 우리 딸 생각허믄 심장이 녹아나는 것 같은디… 아무리 우스워 보여도 나한테는 금쪽 같은 새끼요. 그러지 마쇼."

"나는 그래서 싫다고요, 우리 아들 그 집으로 장가들면 없는 집 맏사위 노릇 하느라고… 아이구 등신 같은 놈."

"예, 알겠습니다. 나도 그런 등신 같은 사우는 원치도 않네요. 이렇게 반대허는 줄 모르고 왔는디 그 뜻 충분히 알았으니 이 결혼 얘기는 없던 걸로 허십시다."

"하이구, 그래봤자 우리는 손해날 거 없어요. 딸 가진 그쪽 집이 문제지."

"지금 아들 가진 유세하자는 거요? 나도 아들이 셋이나 있는 사람이요. 우리 딸이 왜 문제요?"

"젊은애들이 1년이나 연애를 했는데 아무 일 없었겠어요? 이러다 헤어지면 딸 가진 쪽이 손해 아니에요?"

"우리 딸이 애 가졌어요? 호적이 드러워요? 뭣이 손해요? 아따 별 걱정 다하시네. 우리 딸 남자허고 연애허다 결혼 못했다는 그런 흠 때문에 손해나서 시집 못 갈 그런 딸 아닌게 염려 말고 그짝 아들이나 걱정 허쇼. 여보, 갑시다."

그리고 일어나서 한복 치맛자락을 휘날리며 가시는 거다. 나는 너무 울었고, 이제는 다 끝났다는 생각에 그저 기운 없이 일어나서 따라갔다. 그렇게 이모집에 도착할 때까지 아버지, 엄마, 나는 아무 말이 없었다.

택시에서 내리자마자 엄마가 열이 나는지 길거리에서 막 한복을 벗었다. 내가 말렸지만 신경도 안 쓰고 옷을 찢듯이 벗었다. 아버지는 이모네 집을 향해 걷기만 하실 뿐 말씀이 없으셨다. 그렇게 이모 집에 도착하자 엄마는 이모를 붙들고 엉엉 울기 시작했다. 울지 말라며 달래는 나에게 엄마는 울며 소리를 지르신다.

"내가 자랑헐 게 뭐가 있냐? 배우길 했냐, 돈이 많냐? 서방을 잘 만나서 호강을 허고 사냐? 나는 오로지 니가 자랑인디, 그리서 결혼시킬 때도 내가 잘난 딸 팔아서 맘껏 으시대 보다가 좋은 놈 골라서 시집 보낼라고 혔는디… 염병헌다고 연애질은 히갔고 그런 꼴을 당하고. 아이고 분히서 못살겄네."

"엄마, 나 그 사람이랑 결혼 안 해. 안 할거니까 인제 엄마 맘대로 해."

"아이고 나는 못살아. 우리 딸 부모 잘못 만나서 죽으라고 고생만 허는 거 같어서 내가 맘이 아픈디, 인자는 부모 땜시 저 좋아허는 사람허고 결혼도 못허고, 아이고 언니, 나 우리 어머니 아버지가 원망스럽네. 나 조께 갈쳤으믄, 우리 딸이 나 땜시 이렇게 살지는 않을 텐디. 나는 쟈한테 히준 것이 없어서 가슴이 아픈디 이렇게 나 땜시 이 결혼도 못허믄… 나는 에미도 아니여, 자식 고생시키고 자식 앞 길 막는 멍텅구리지 에미도 아니여, 아이고 엄니 왜 나 안 갈쳤어? 나 좀 갈치지."

그동안, 우리 때는 다 그랬다면서 단 한 번도 못 배운 걸로 누구를 원망하지 않던 엄마가 돌아가신 외할머니를 뼈저리게 원망하고 있었다. 그동안 나는 엄마가 무학자라서 한 번도 싫은 적이 없었는데, 나는 엄마한테 너무 많은 것을 받고 살았는데, 나는 엄마가 그냥 좋았는데, 우리 엄마라서 그냥 좋았는데, 별로 잘나지도 못한 딸이 대단한 딸인 줄 알고 사셨던 엄마는 그 딸의 배경이 못 되어주는 자신을 너무나 원망하며 나에게 미안해하시며 사셨나 보다.

나에게 표현은 안 하셨어도 나에 대한 엄마의 깊은 사랑 속에는 미안함이 더 많이 들어있는 걸 알게 되는 것 같아서 가슴이 아팠다. 그래서 나는 '내가 엄마 땜에 못산다' 며 울었다.

그러자 엄마는 "나는 너 땜시 사는디 너는 나 땜시 못살아서 어쩐다냐? 미안히서, 미안히서 어쩐다냐?" 하시며 우셨고, 엄마와 나와 이모는 그렇게 셋이 부둥켜안고 울었다. 그러면서 나는 이 결혼은 하지 않으리라 맘먹었다.

그렇지만 인연은 어쩔 수 없는지 그런 별별 수모를 다 겪으면서도 우리는 그해 11월에 결혼을 하게 되었다. 많고 많은 사연이 있었지만 이젠 다 지난 일이니 잊기로 하고.

그렇게 결혼을 한 후 엄마와 시어머니가 별로 만날 일도 없으셨지만 만나셔도 어려워하시면서 슬쩍슬쩍 피하셨고, 또 시간이 조금 지난 후에는 다 묻고 언제 그랬냐는 듯이 또 아무렇지도 않게 잘 지내시는 것 같았다.

시어머님은 결혼을 할 때는 그렇게 반대를 하시더니 결혼 후에는 또 다 접으시고 친딸처럼 챙겨주시고 보살펴 주셨다. 그러나 우리 엄마의 마음속에는 늘 그 시어머니가 반대하는 결혼을 했다는 것에 대한 콤플렉스가 있었나 보다. 또 그 콤플렉스 속에는 못난 부모 때문에 내가 그런 일을 당했다는 죄책감이 컸었나 보다. 그걸 내가 큰 애를 낳고 느끼게 된 것이다.

결혼 후 나는 바로 애를 가졌다. 그런데 남편의 손위 형님이 결혼 5, 6년째 아기가 없어서 집안의 걱정거리였다. 다들 형님네에 미안해서 한동안 숨겼고, 나중에는 형님네 눈치를 보느라 좀 힘들었다. 특히 시어머님은 예민하실 정도로 더 주의를 주시고 단속을 하셨다. 그러나 애 가져 본 사람은 다 알겠지만 입덧이 맘대로 되나? 부르는 배가 맘대로 되냐고?

어쨌든 그래도 시간은 흘러서 9개월 후인 다음해 8월에 나는 예정일보다 빨리 아들을 낳았고, 친정엄마는 배부른 딸 밥걱정에 우리 집에 오셨다가 애를 낳게 되는 걸 보셨고, 그 이후엔 해산구완을 해주기 위해 당분간 눌러 앉게 되셨다.

병원에서 3일을 보내고 퇴원하던 날. 애를 예정일보다 좀 일찍 낳았고, 미역을 달 넘겨서 준비하는 게 아니라고 해서 미리 준비해 놓은 게 없어서 애를 낳고 퇴원을 했을 때 집에는 먹을 게 아무것도 없었다. 그때 시어머님이 소고기 두 근과 미역 한 가닥을 사다가 엄마에게 주시고 가시더란다.

나는 애 낳고 힘이 드니 방에 아기와 누워 있느라 아무것도 몰랐는데 엄마는 그것을 받아 쥐고 있노라니 기가 막혔던 모양이다.

없는 집도 아니고 부잣집이라고 소문난 집이, 그렇게 기다리던 손자를 낳았는데 미역 한 가닥하고 소고기 두 근이 뭔가 싶은 게 서운하고 속이 상했지만 애기 못 낳고 고민하는 큰며느리 생각하면 마음이 아파서 이런 거 잘해주기도 미안하겠다 싶어서 참으셨단다.

그런데 그 미역국은 한 이틀 먹고 나니 떨어지고 미역과 소고기를 사야겠는데 당최 장이 어딘지, 슈퍼가 어딘지 알지를 못하겠더란다. 나 밥 차려주고 지갑 들고 아파트단지를 뺑뺑뺑 돌아도 고기 살 데를 못 찾겠더란다. 그렇게 땀을 뻘뻘 흘리며 동네를 돌다가 집에 들어와서 엉엉 우는 엄마. 놀라서 물으니 무식해서 소고기 어디서 파는지를 몰라서 답답해서 울고, 우리 새끼가 죽을 힘을 다해서 새끼 낳고도 이런 대접밖에 못 받나 싶어서 약올라서 우신단다.

그러면서 해묵은 얘기를 꺼내신다. 내가 결혼 반대할 때부터 알아봤다는 둥, 자기가 고른 큰며느리하고, 반대하는 결혼 한 작은며느리하고 차별대우를 한다는 둥 어쩌고저쩌고… 말도 안 되는 억지까지 부리셨다.

사실 나도 좀 속상하고 서운했지만 엄마가 시댁식구 흉보는 것도 듣기 싫었고, 사실 나도 좀 엄마 앞에서 창피하기도 해서 엄마에게 그만 좀 하라며 짜증을 냈다. 그렇게 울던 엄마가 갑자기 정신이 드신 듯 전화기를 들더니 시골집에 전화를 걸었다.

"여보, 나여. 우리 새끼가 아들 낳고도 대우도 못 받고 곯아 죽겠어. 우리가 그 꼴은 못 보제. 아는 집 가서 한우 뼉다구랑 꼬리랑, 고기도 존 놈으로 좀 사보내. 우리 새끼 멕이게."

그날 밤, 정말 아버지가 사주신 것을 큰 동생이 차에 싣고 왔는데 소 한 마리를 잡아서 그대로 가져온 것처럼 많은 고기와 뼈를 내놓았다. 그걸 보고 엄마는 흐뭇해서

"암 그러제, 우리 딸 아들 낳았는디 이 정도는 먹어야 몸 축난 거 보충허제" 하셨다.

그리고 그때부터 그걸 삶고, 고아서 수육도 해주고, 미역국도 끓여주고, 국물로 그냥 마시게도 해주고… 하여튼 질리게 먹은 거 같다.

그런데 문제는 엄마가 애기를 보러오신 시어머니 시아버지 앞에서 오기를 부리신 거다. 뼈 고은 물을 한 대접씩 떠서 소금간하고 잔파 숭숭 썰어서 내놓으시며 하시는 말씀이

"드셔보쇼, 진짜 한우로 끓인 것이라 구수허고 살로 갈 것이요. 애를 낳았으믄 이런 것을 먹어야 젖도 잘 나오고 산모 회복도 빠른

것이라 내가 우리집 양반한테 말히서 사온 것이오. 시부모가 안 챙기믄 친정부모라도 챙겨야제. 내 새끼 아프믄 내 속만 쓰리고, 내 새끼만 손핸게."

"아니 제가 사온 고기랑 미역은 벌써 다 드셨어요?"

"진즉에 바닥났어요. 애 난 우리 딸보다 아들이 미역국은 더 잘 먹습디다. 먹성이 얼마나 좋은지 내가 국 더 안 떠다주믄 지가 떠다 먹습디다. 이 집안에는 산모 생각허는 사람은 하나도 없당게요. 손자새끼 이뻐서 보로움서 며느리 뭣 먹고 있는가는 걱정도 안 됩디?" 하시니 우리 시어머님이 그게 어떤 의도에서 하는 얘기라는 걸 모를리가 있는가. 자존심이 상하셨는지 느끼해서 안 드신다며 국사발을 밀어놓으셨다.

그러니 엄마는 또 "아무리 우리 딸이 미워도 손자새끼 멕일 젖 잘 나오라고 뼉다구 하나는 사다 주겄고만… 내가 그 소고기 두 근 먹고 나서 미역국 끓일 고기가 없어서 고기 사러 나갔다가 고기집을 못 찾 어서 얼매나 고생헌지 아쇼?"

"아니 아파트상가 지하에 가면 쌔고 쌘 게 슈퍼고 고기집인데 거길 왜 못 찾으셨을까?"

"그 쌔고 쌘 고기집서는 뼉다구는 안 팔아서 못 사오셨소?"

언성도 안 높이고 두 분이서 그런 대화를 나누시는데 내가 정말 죽을 맛이었다. 시아버님은 먼 곳만 보고 계셨고, 나는 계속 엄마에게 그러지 말라고 눈짓을 하는데도 못 본 척하시고 자분자분 하실 말씀을 다 하셨다.

그렇게 시어른들이 가시고, 나는 만만한 엄마에게 신경질을 있는 대로 부렸다.

"엄마, 대체 왜 그래? 그런 소리를 왜 해? 뼈 사다가 지금 잘 먹고 있으면 됐지, 무식하고 몰상식하게 사돈한테 그게 뭐야?"

"그려, 나 무식혀. 아무리 무식혀도 내 새끼가 대접받고 사는지 대접 못 받고 사는지는 다 알아."

"누가 대접을 못 받고 산다고 그래?"

"척 보믄 모르냐? 애 낳고 누워있는 며느리한테 이러는 거 보믄 평소 때는 어떤지 안 봐도 알쪼여."

"내가 정말 엄마 때문에 못살아. 왜 그래 진짜아?"

"분허고 약올라서 그려. 피를 동이째 쏟음서 이빨이 부러지게 힘써서 아들 낳아서 대를 이은 며느리 공이 소고기 두 근 값밖에 안 되냐? 죽을 고비 넘김서 첫아들 낳았는디 기껏 와서 헌다는 소리가 '니 형 앞에서는 너무 좋은 내색허지 마라는 소리냐? 엉? 애 낳고 누워있는 며느리한테 와서 헐소리가 그렇게도 없어서 니 형, 너 아들 낳았다는 소리 듣고 속상할까 봐 애 없으면 집 꾸미는 재미로라도 살라고 집 한 채 사주고 왔다는 소리냐? 너는 소고기 두 근 사다 주고 갔음서? 그게 말이여 막걸리여? 내가 진짜 속에서 이런 것이 치밀어 올라도 참고 있는 줄이나 알어."

"아휴, 내가 못살아. 왜 엄마까지 그래? 나 힘들게 왜?… 엄마가 그러면 내가 더 속상할 거 엄마가 몰라서 그래? 진짜 속상해 죽겠어."

"그려 그려, 미안허다. 울지 마라 내 새끼. 에미가 못나서 니가 울 일이 많다. 내가 잘못했다. 울지 마라. 애 낳고 울믄 눈 나빠진단다. 울지 마라 내 새끼."

나는 엄마의 유치함 때문에 창피해서 못살겠다고 퍼부었고, 엄마는 그저 눈물을 닦아내며 미안하다고만 했었다. 그리고 2년 후, 형님이 아기를 낳았다.

병원에서 퇴원하자마자 시어머니는 득달같이 아는 고기집에 소뼈 한 벌과 고기를 주문해서 갖고 가셨다. 그 모습을 보니 나도 속이 좋지만은 않았다. 그리고 엄마의 설움이 괜한 것은 아니었다는 생각도 들었다. 그러나 나는 엄마에게 그 얘기는 하지 않았다. 다 지난 일로 또 속상해 하실까 봐.

처음이 중요허당게

남들은 내가 남다른 효녀인 줄 알지만 그건 진짜 아니다. 나도 다른 집 딸들과 똑 같은 딸이다. 엄마가 뭐라고 하시면 "알았어, 알았어" 하며 말을 막아버리기 일쑤고, 걸핏하면 짜증내고 걸핏하면 엄마 땜에 못산다고 소리지르고, 그래놓고 뒤돌아서서 미안해서 울고….

엄마한테는 만만하게 대하면서 나의 어린 딸에게는 꼼짝 못하는 세상의 다른 딸들과 똑같은 딸이다.

남들은 내가 유달리 친정엄마와 사이가 좋아보인다고 하지만 나라고 왜 엄마가 싫고, 창피하게 생각된 적이 없었겠는가.

있다. 솔직히 말하면 정말 그런 때가 여러 번 있었다. 그러나 지금은 절대 아니다. 그저 엄마가 우리 엄마여서, 엄마가 나를 낳아주고 나의 엄마여서 너무 감사하고 행복하다. 그런 걸 알기에 이제는 엄마의 어떤 실수나 주책(?)이 창피하다기보다는 귀여워 보이고 재밌다.

또 엄마의 너무나 순수하고 순진한 마음이 늘 나를 웃게 만든다. 엄마의 순진함 때문에 내가 한 번 간 떨어질 뻔한 얘기를 해야겠다.

내가 10년 전 큰아이를 낳았을 때다. 집안에서 처음 보는 첫손자였다. 손위 형님네가 애가 없던 터라 드러내놓고 좋아하지는 못했지만 다들 기뻐하셨다. 나도 어쩐지 내가 큰일을 한 거 같은 그런 당당함도 생겼었다. 해산구완을 해주고 계시던 친정엄마도 '이젠 맘이 놓인다'며 좋아하셨다.

그렇게 며칠이 지났을까? 내가 아기와 함께 낮잠을 자고 일어나보니 분명히 옆에 재워놨던 아기가 없어진 것이다. 나는 놀라서 방 밖으로 나갔고, 엄마를 불러댔지만 엄마는 대답이 없었다. 엄마는 그때 종종 답답하고 심심하다고 가끔 밖에 나가셨기 때문에 또 밖에 바람을 쐬러 가셨나 생각했지만 아기는 그럼 어떻게 된 것인가?

엄마가 그 어린아기를 데리고 나갔을 리는 없고…. 그럼 도둑이

들어서 내가 자는 틈에 아기만 데려간 건가? 나는 정신을 못 차리고 울며 동동거리다가 남편에게 전화를 했다.

"엉엉… 자기야, 애기가 없어졌어."

"뭐?"

"낮잠 자고 일어나 보니까 애기가 없어…. 어머님 아버님한테는 말하지마 나 쫓겨나."

"너 지금 무슨 소리를 하는 거야? 애기가 없어지다니…. 가만히 있어. 내가 금방 갈게."

"어… 빨리 와."

나는 울며불며 집안만 다 뒤져봤지만 있을 리 없었다.

정신없이 집으로 온 남편은 더 허둥대며,

"아니 어떻게 집안에서 아기를 잃어버리냐?"

"엄마가 답답하다고 산책 나가면서 현관문을 열어뒀나봐, 시골에서 대문 안 잠그고 사는 게 버릇이 돼서…."

"어머니가 데리고 나간 거 아냐?"

"아냐, 엄마는 귀한 애기라고 잘 안지도 않는데 그 어린 걸 왜 데리고 나가겠어?"

"그럼 진짜 도둑이 애를 데려갔단 말야?"

"그런 거 같어, 엉엉…."

"안 되겠다. 일단 경찰에 신고를 하자."

"신고하면 찾을 수 있을까?"

"그걸 내가 어떻게 아냐?"

정말 지옥이 따로 없었고, 눈앞이 캄캄하다는 게 실감이 났다. 그렇게 파출소에 갔던 남편에게 연락이 왔고, 나는 애를 낳아서 누렇게 뜬 얼굴에 울어서 퉁퉁 붓기까지 한 얼굴로 파출소로 달려갔다.

대체 아기는 어떻게 된 것인가?

친정엄마는 옛날에 누군가에게 이런 말을 들은 적이 있다고 한다. 세상에 태어나서 처음 간 곳이 어디냐에 따라서 그 사람의 운명이 결정된다는 말을 들었단다. 그래서 우리 남매들을 낳았을 때는 그 동네에서 제일 큰 건물인 학교에 다 업고 갔었다고 한다. 우리가 큰 건물 보고 크게 되라고.

엄마는 딸의 해산구완을 해주며 있다보니 갑자기 그 생각이 난 것이었다. 그래서 나한테 말을 하면 내가 또 짜증을 내면서 "무슨 그런 미신을 믿냐"고 할까봐 나 몰래 내가 잠든 틈을 타 아기를 안고

밖으로 나갔던 것이다.

　서울 길을 하나도 모르는 엄마는 그저 딸이 낳은 손자가 나중에 잘되기를 바라는 마음만 가지고 아기를 훔치듯 안고 밖으로 나간 것이다. 그렇게 아파트 단지를 나와서 보니 어디를 가야할지 막막해서 길가는 사람을 붙잡고 물었단다.

　"아줌니, 이 근방서 젤로 큰 건물이 어디요?"

　"예?"

　"이 근방서 젤로 크고 좋은 건물이 어디냐고요?"

　"글쎄요… 63빌딩 아닌가? 왜요?"

　"아니네요, 고맙소."

　63빌딩이라는 말을 듣자 엄마는 신이 나더란다. 대한민국에서 제일 높고 큰 건물 아니던가. '그려, 그 정도는 되야제' 생각을 하고는 사람들에게 물어물어 63빌딩을 찾아갔다.

　우리집은 그때 KBS 별관 뒤였는데 거기서 63빌딩까지는 걷기는 좀 멀고, 차타고 가기에는 좀 가까운 애매한 거리였다. 엄마는 딸인 내가 깨기 전에 얼른 목적달성을 하려고 열심히 물어물어 걸어갔단다.

　그리고 드디어 63빌딩 앞.

강보에 싸인 아기를 보며

"효자동이, 충신동이 부디 큰사람 돼서 엄마의 자랑거리 되소. 우리 딸, 고생 안 허게 부디 훌륭헌 사람 돼서 효도 허소."

하며 비장한 표정으로 아기를 안고 63빌딩에 들어가 대충 쇼핑센터를 돌아보시고 나오셨단다. 그렇게 하고 나니 뿌듯하고 좋아서 날아갈 거 같더란다.

그런데 나와서 보니 아뿔싸…. 집에 돌아오는 길을 모르겠더란다. 올 때는 63빌딩만 물어서 왔지만 갈 때는 딸네집을 물어보니 길 가던 사람 그 누가 그 딸네집을 알 수 있을까?

"거시기… 우리 딸네집을 찾는디…."

"따님집이 어딘데요?"

"여의도요."

"여기가 여의돈데… 여의도 어디요?"

"아파트요, 영등포역에서 택시타믄 금방이던디… 맨날 딸이 영등포역으로 나를 데릴러 왔었는디… 아이고 어쩌."

"혹시 전화번호 아세요?"

"예, 정읍 우리집 양반이 알아요."

그 길가던 사람은 엄마가 이상한 사람으로 보였던지 그냥 가버렸고, 엄마는 낯설고 무서운 건물들 앞에서 '아이고 어쩌' 만 중얼거리며 있었단다. 그랬더니 순경 두 명이 이상한 듯이 와서 묻더란다.

"아주머니 왜 그러세요?"

"우리 딸네집을 잊어버렸어요."

"근데 이건 뭐예요? 어… 갓난아기네?"

"예, 우리 외손잔디… 태어나서 젤로 처음 가보는 곳이 사람 운명을 좌우헌다고 히서 내가 63빌딩을 첨으로 데리고 가서 이렇게 크고 훌륭헌 사람 되게 헐라고 했는디… 아이고 나와 본게 딸네집을 못 찾겄네. 아이고 이 일을 어쩌."

"그럼, 일단 저희랑 같이 파출소로 가시죠. 저희가 따님집을 찾아드릴게요."

"오메 이게 뭔 소리여. 야가 시방 난 지 얼마나 됐다고 지금 파출소를 가자는 것이여? 거그는 죄지어야 가는 디잖여."

"아니에요, 괜찮으니까 우리랑 같이 가세요. 그래야 따님집을 찾죠."

"아녀아녀, 경찰서허고 병원은 상 받으러도 가지 말라고 혔어. 우

리 새끼 난 지 얼마 안 돼서부터 그런 디 가믄 안 돼. 나 안 가 못 가."

"할머니, 그럼 안 들어가시고 그 문 앞에 계시면 되잖아요. 일단 파출소 쪽으로 가시죠."

맨 처음으로 63빌딩은 데리고 갔지만 그 다음에 파출소로 데리고 간다는 게 찝찝해서 계속 손사래를 치던 엄마는 결국 순경들의 설득에 못 이겨 파출소 앞까지만 가는 걸로 합의를 보고 따라가기로 했는데

"타세요."

"오메 이게 뭐여?"

"예?"

"이거 경찰차 아녀? 내 새끼가 맨 처음 타는 차가 경찰차? 안 돼 안 돼… 그럴 순 없어."

"할머니…."

"나는 내 새끼 안고 걸어갈라네. 내 새끼 처음 타는 차가 경찰차인 것은 절대 안 되여."

"할머니…."

"안 된당게, 절대 안 돼여."

내가 연락을 받고 파출소에 갔을 때는 친정엄마는 한여름의 더위

에 땀을 뻘뻘 흘리며 꼬질꼬질한 모습으로 파출소 앞에서 아기를 끌어안고 순경의 호위를 받으며 빵과 음료를 먹고 있었다.

"엄마."

"아가. 아이고 나 죽을 뻔했다."

"우리 애기는… 애기, 우리 애기 괜찮아?"

"니 새끼는 괜찮어."

"내가 진짜 엄마 땜에 못산다. 왜 애기는 데리고 가서 길을 잃어버리고 난리야? 그리고 이게 뭐야? 엄마가 거지야? 왜 여기서 이런 걸 먹고 있어?"

"배고픈게… 이 양반이 먹으라고 주길래 먹는 것이여."

"아휴, 이 할머니 고집이… 아무리 안으로 들어가시라고 해도 들어가시지도 않으시고…."

"내가 못살어, 엄마는 진짜 왜 그래? 내가 우리 애기 잃어버린 줄 알고… 아휴 진짜…."

"너는 니 새끼 걱정만 했제? 서울 길도 모르고 나간 내 걱정은 하나도 안 됐제? 그려, 원래 에미가 새끼를 걱정허는 것이다, 자식은 에미 걱정 안 허더라고, 내리 사랑인게."

세상에….

엄마는 울고 있었다. 금쪽같이 생각하며 키웠던 딸한테 서운해서 울고 있었다. 그것이 당연한 세상의 이치라고 말하면서 엄마는 울며 빵을 꾸역꾸역 먹었다. 나는 엄마한테 너무 미안하고 죄스러워서 아기를 안고 펑펑 울었다. 그런 나를 엄마는 지 새끼만 생각하는 야박한 딸로 생각했는지 내 쪽으로는 눈도 돌리지 않은 채 먼 곳을 보며 꾸역꾸역 빵만 먹었다.

난 아직도 그때의 일을 엄마에게 사과하지 못했다. 그저 엄마가 잊었기만을 바랄 뿐이다. 그런데 내 기억에 이렇게 그때의 모습이 생생한데 과연 엄마는 그때 일을 잊었을까?

이런 애가 크믄 이뻐

어른들이 그러셨다.

'아들은 결혼하면 남이고, 딸은 시집가면은 그때부터 진짜 딸노릇 한다.'

'딸은 결혼하고 애를 낳아서 키워봐야 엄마 맘 안다.'

나도 그런 것 같다. 결혼해서 자식을 낳아 키우면서 새록새록 엄마에 대한 고마움도 알고 엄마의 마음도 이해하게 된 것 같다.

내가 첫아이를 낳던 날.

남편은 일이 바빠서 병원에 오지 못했고, 나는 갑자기 집에서 양수가 먼저 터져서 마침 그때 우리집에 와 계시던 친정엄마와 함께 병원엘 갔다. 병원에 가니 양수가 터진 걸 알고 깜짝 놀라며 나를 바로 분만대기실로 데려갔다. 엄마는 그냥 그렇게 밖에 세워둔 채.

분만대기실로 간 나는 옷을 갈아입고 링거를 팔에 꽂고 여러 가지 기계를 온몸에 설치한 후 침대에 누워 진통을 했다. 간호사 말이 진통시간이 다 지나야 아기가 나오니 너무 호들갑 떨지 말고 잘 견디며 있으라는 아주 형식적이고 쌀쌀한 말을 남기고 나가버린다.

나는 지금 금방 죽을 거 같고 아기가 바로 나올 거 같은데. 하여튼 간호사가 시키는 대로 하고 있는데 이 진통이 주기적으로 오는데 좀 살 것 같다가도 진통이 시작되면 숨을 못 쉴 만큼 아프고 죽을 것 같았다. 그래도 애 낳으려면 다 이러려니 하고 꾹 참으며 나도 모르게 입으로는 '엄마, 엄마' 하며 울고 있었다.

아파 죽겠으니 엄마가 절로 생각났고, 또 '우리 엄마도 나를 이렇게 낳았겠구나' 하는 생각이 드니 더 절절하게 엄마 소리가 나왔다.

그런데 그때 분만 대기실 밖에서 이상한 소리가 들렸다. 낯익은 소리에 가만히 귀를 기울여보니,

"아주머니, 분만대기실에는 산모밖에 들어갈 수가 없다구요."

"우리 딸 쪼께만 보고 오께요, 괜찮은지 한마디만 물어보고 오께요."

"따님 괜찮아요, 애 낳아 보셨잖아요?"

"아이고 우리 딸이 지금 배를 움켜쥐고 얼마나 엄마를 찾어댐서 울겄소? 근게 내가 가서 손 한 번만 잡어주고 오께요."

"안 돼요, 어서 나가세요."

"사람이 이런 법이 어딨소? 같이 병원에 왔는디 뭔 설명도 없이 우리 딸만 데려가버리더니 이렇다 저렇다 말도 없고… 하다못해 에미가 딸한티 '인자 너는 새끼 낳으믄 진짜 여자가 되는 것이다'는 말 한마디는 허게 히줘야지. 내가 우리딸 새끼 날 때 그 말 히줄라고 준비혔는디 그 말 헐 시간도 안 주고…."

"그 소리는 애 낳고 나오면 하시고 나가 계세요."

나는 분만대기실 안에서 간호사와 엄마가 나누는 얘기를 들으며 엄마가 보고 싶어서, 엄마가 잡아주는 손이 잡고 싶어서 울었다. 그 때까지 밖에서 간호사와 실랑이를 하던 엄마가 쫓겨나가시는지 소리치시는 소리가 들렸다.

"아가, 혜정아. 엄마 여기 있다. 내가 대신 아퍼 줄 수도 없고 어쩔거나 아가, 나 여기 꼼짝 안 허고 있응게 순산히라, 제발 순산히라 우리 딸."

분만대기실 안에서 나는 엄마의 말처럼 '엄마, 엄마'를 부르며 진통을 참으며 울었다.

그렇게 14시간을 진통하고 첫아기를 낳고 나왔을 때 엄마는 나를 붙잡고 엉엉 우셨고, 나는 엄마를 보며 "엄마, 엄마도 나 낳을 때 이렇게 힘들었지? 나 이제부터 엄마한테 정말 잘할게" 이렇게 진심으로 약속을 했었다 (그 약속은 하루도 못 가서 깨지고 또 엄마 땜에 못산다는 소리를 해댔지만).

그렇게 첫아들을 낳은 지 2년 후, 나는 또 딸을 낳았다. 둘째는 첫아이보다는 덜 힘들었고, 한 번 겪은 일이라 그렇게 겁나지도 않았다. 그리고 첫아들을 낳고 내가 너무나 딸을 원했었는데 다들 내게 딸일 거 같다고 해서 내심 빨리 딸을 보고 싶어서 설레기까지 했다. 그런데 분만실에서 아기를 낳자마자 의사선생님이 그러시는 거다.

"아이쿠, 이 녀석 두상 좀 봐라."

첫마디는 "축하합니다. 예쁜 공주님이네요" 뭐 이런 걸 기대했는데, 근데 이 녀석 두상 좀 보라니? 그때 내가 알아봤어야 하는데. 나는 내가 원하던 딸을 낳았다는 기쁨에 어쩔 줄 모르고 좋아라 하고 있었다. 간호사가 보여주는 아기의 모습도 그저 신기하기만 했다.

사실 금방 난 애기들 벌겋고 그렇지 뭐 예쁜지 미운지 아나? 근데 어른들은 보시면 아시나 보다.

둘째를 낳고 퇴원을 하니 친정엄마가 연락을 받고 올라오셔서 집 청소도 해놓으시고 미역국도 끓여놓고 날 기다리고 계셨다. 초인종을 누르니 엄마가 눈물을 글썽이시며 나를 맞으셨다.

"아이고 얼마나 고생했냐? 큰 일했다."

그래서 나는 슬쩍 웃고 아기를 자랑스럽게 엄마에게 주었다. 엄마가 조심스럽게 아기를 받아 얼굴을 보더니 아무 말씀이 없으시다. 그래서 내가 "엄마, 우리 딸 안 이뻐?" 하니.

"머리가 상당히 크다" 하시고는 얼른 애기를 내게 주시고 주방으로 가셨다. 그리고 내가 안 듣는 데서 남편에게 그러더란다.

"애기가 언청 못생겨버렸네, 저거 어쩐당가?"

"걱정마세요 어머니, 제가 나중에 싹 고쳐줄 거예요."

그렇게 하루이틀이 지나고, 시어른들께서 아기를 보러 오셨다. 그런데 엄마가 아기가 잔다고 핑계를 댔다가, 아기가 기분이 안 좋은 거 같다고 핑계대기도 하며 영 아기를 방에서 데리고 나오질 않으시는 거다.

시어른들이나 나나 별로 대수롭지 않게 생각했고, 애기를 보러 온 시어른들이 잠든 애기 얼굴이라도 보겠다며 방으로 들어가시려 하니 그때서야 애기를 데리고 오겠다고 하며 얼른 방으로 들어가 아기를 안고 나오시는 엄마. 그리고 이제는 어쩔 수 없다는 듯이 포기한 표정으로 시어머니에게 아기를 건네주시며 하시는 말씀.

"지금이 다가 아니네요, 이런 애들이 크믄 이뻐요." 하신다.

엄마 딴에는 딸이 낳은 손자가 너무 인물이 없으니 사돈네 보기가 미안하고 죄스러웠나보다. 시어른들은 아기를 보고 껄껄 웃으시며 '못난이, 못난이' 하셨지만 난 기분 나쁘지 않았다. 내가 보기에는 너무 예뻤으니, 시어른들이 못난이라고 해도 애칭으로 그러는 줄 알았지 진짜 못생겨서 그럴 거라고는 생각도 못했으니까.

그런데 문제는 그 이후다. 내가 우리딸 아기였을 때 안고 나가서 '아기가 예쁘다' 라는 소리는 한 번도 못 들어봤다. 늘 듣는 말이 '두상이 예쁘다' 라는 소리나, 못난 애들한테 하는 말인 '귀엽다' 는 말.

그것도 참겠다. 어떻게 우리딸을 보는 사람마다 한결같이 '이런 애가 크면 예뻐" 이러는 거다. 그래서 난 세상에서 그 말이 제일 듣기 싫었다. 내가 보기엔 아무리 봐도 예쁘기만 했다.

　반짝이는 눈, 그린 것 같은 눈썹. 좀 납작하긴 해도 구멍은 두 개 다 제대로 뚫려있는 코, 보기만 해도 뽀뽀를 하고 싶은 입.
　대체 뭐가 문제란 말인가. 예뻐 죽겠는데 왜 사람들이 그런지 알 수 없었다. 그래서 나는 결심했다.
　"그래, 남들이 아무리 모과덩어리 같다고 해도 나는 천도복숭아인 줄 알고 키울 거다."
　정말 그렇게 알고 물고 빨고 키웠다.
　그렇게 몇 년이 흐르고, 유치원 여름방학이 되어 애들과 친정에 간 적이 있다. 그때 엄마가 우리딸을 보더니 놀라시며 그러신다.
　"봐라, 내가 뭐라고 했냐? 이런 애가 크믄 이쁘다고 혔제? 아따 이뻐져 버렸네. 애기 때 봤을 때는 돌아댕기지 말고 골방에 앉아서 공부나 열심히 히야 쓰겄드만."
　남편도 옆에 있는데 하도 엄마가 직설적인 표현을 해대니 내가 듣기가 민망해서 얼른 말을 막았다.
　"엄마…."
　"용됐다 용됐어, 처음에는 대가리만 풍선만 허드니…. 아따 이뻐졌네."

"그만 해, 애 듣는데."

"근디, 솔직히 말허믄…."

"또 무슨 소리를 하려고?"

"송 서방, 나 솔직히 말히도 된가?"

"예, 말씀하십시오."

"아직도 한참 더 이뻐져야 사람구실 허겄네."

정말 너무 솔직해서 탈인 우리 엄마다. 나는 아무리 봐도 그렇게 여자답고 귀엽고 예쁠 수가 없는데….

그런데 진짜 이상한 건 우리 엄마다. 우리 딸이랑 나는 진짜 붕어빵이다. 한 번도 나를 본적이 없는 딸애의 유치원 친구 엄마가 슈퍼에서 나를 보더니 우리딸 이름을 대는 거다. 그래서 내가 맞다고 하니, 너무 닮았다며 까르르 웃었다.

그 정도로 딸과 나는 닮았고 가끔 딸의 노는 모습이나 사진을 보고 내가 깜짝 놀란 적도 있다. 나를 너무 닮아서. 다들 우리 딸이 나랑 틀에서 찍었다고 말한다. 그런데 유일하게 우리 엄마만 딸이랑 내가 하나도 안 닮았단다.

"너는 어려서 저렇게 안 생겼었어, 얼마나 이뻤는디. 눈이 초롱초

롱허니 피부는 흰떡 같고… 징허니 이뻤어야, 니 딸은 너 안 닮았어."

"잘 생각해봐, 내가 봐도 이렇게 똑같은데… 나도 어렸을 때 이런 애가 크면 이쁘다는 소리 듣고 자란 거 아냐?"

"아니당게, 너는 진짜 이뻤어."

과연, 그게 사실일까요? 이렇게 우리 딸이 증거물로 나와 있는데. 사람들이 아무리 우리 딸이 못났다고 해도 내 눈에는 예뻐서 죽을 것 같듯이 엄마 눈에도 내가 그런가?

"하지만 엄마, 우리 사실은 사실로 인정합시다. 사실 내가 보기에는 엄마 딸보다 내 딸이 훨씬 더 예쁘고만."

엄마 미안해

…사랑한다고 한 번도 말하지 않아서 미안해.

…힘들 때 왜 날 낳았냐고 원망해서 미안해.

…엄마 새끼보다 내 새끼가 더 예쁘다고 말해서 미안해.

…외롭게 해서 미안해.

…늘 나 힘든 것만 말해서 미안해.

…세상에서 제일 예쁜 얼굴 자주 못 보여줘서 미안해.

…늘 내가 먼저 전화 끊어서 미안해.

…친정에 가서도 엄마랑 안 자고 남편이랑 자서 미안해.

…엄마의 허리디스크를 볼 고만 있어서 미안해.

…괜찮다는 엄마 말 100% 믿어서 미안해.

…엄마한테 곱게 말하지 못해서 미안해.

…내가 잘나서 행복한 줄 알아서 미안해.

…늘 미안한 것 투성이지만 제일제일 미안한 건

엄마, 엄마는 나를 세상에서 제일 사랑하는데

내가 세상에서 제일 사랑하는 건 엄마가 아니어서 미안,

정말 미안해.

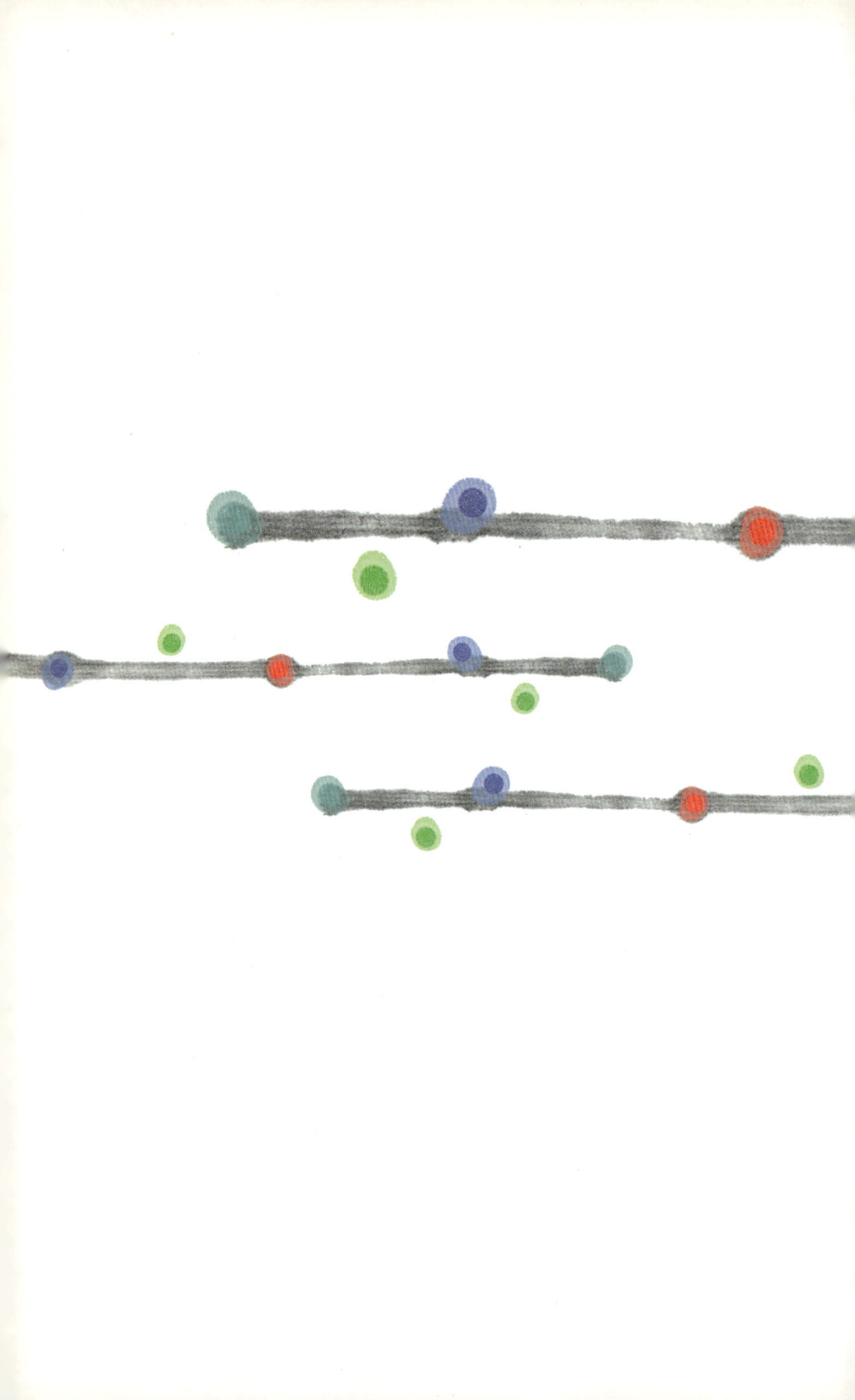

아이고,
우리 사우 이뻐라

　남편은 꽤 괜찮은 사람이다. 결혼할 때는 이른바 킹카에 속했다. 공부만 하던 사람이라 좀 답답한 면도 있을 거라 생각했는데 무엇보다도 내 의견을 존중해 주고 잘 따라 주어서 우리는 별 트러블이 없었고, 가장 중요한 것은 남편은 아내인 나의 개성과 스타일을 상당히 존중해주는 사람이었다.

　사업도 꽤 잘해서 돈도 잘 벌고, 가족들에게도 잘하는 좋은 사람. 그런데 3년 전, 남편은 하던 일이 잘 안 되어 정말 땡전 한 푼 없이 빚만 잔뜩 남기고 망하고 말았다.

　지금까지 좋은 환경에서 자라 공부도 하고 싶은 대로 했고, 자신이 맘먹은 거는 다 해내며 자신만만하게 살았던 사람. 그렇게 좋은 조건에서 자신만만하게 살던 사람이 어느 날 부도를 내고 빚만 잔뜩 지고 할 일을 잃으니 자신조차도 뭘 어떻게 해야 할지를 모르고 방황했다.

그때 나는 '이러다 사람 하나 폐인 되겠구나' 싶어서 붙잡아 앉혀 놓고 물었다. 지금 제일 하고 싶은 게 뭐냐고.

그랬더니 남편은 의외의 말을 했다.

"난 공부가 하고 싶어, 난 원래 공부체질이지 사업체질이 아니야. 근데 자꾸 엄마랑 형이 사업을 시켜서 할 수 없이 한 거야."

"지금 공부한다면 무슨 공부를 하고 싶은데?"

"변리사. 나 공부해서 변리사 되고 싶어" 한다.

정말 답답했다.

애들은 크고 있는데 빚만 잔뜩 져놓고 자기는 공부를 하고 싶단다. 나가서 열심히 일해서 돈을 벌어와도 시원찮을 판에 공부를 하겠단다. 그것도 마흔이 넘은 나이에. 정말 고민이 되었다. 이 일을 어찌해야 하나.

남편이 그렇게 망하자 주위에서는 나한테 형식적으로라도 이혼하라는 충고도 많이 했다. 안 그러면 빚쟁이들한테 시달려 못산다고.

그러나, 결혼식 때 혼인서약을 하면서 아플 때나 힘들 때나 늘 같이하겠다고 해놓고 남편이 힘들어졌는데 내가 나 몰라라 이혼하고 나 살겠다고 가는 건 말이 안 된다고 생각했기에 꾹 참고 그 고난을 이겨내야겠다고 생각하고 있었는데, 거기서 한술 더 떠서 고시 뒷바라지까지 해야 할 입장이라고 생각하니 눈물이 절로 나왔다.

그러나, 난 단호히 결정을 내렸다. 이 사람이 나중에 60, 70살이 되어서 인생을 돌아볼 때 나는 정말 하고 싶은 게 있었는데 처자식 때문에 포기하고 살았다는 후회는 남기지 말아야겠다고 생각했다. 그리고 지금 당장 이 사람한테 어떤 꿈을 주지 않으면 이 사람이 방황하다가 어떻게 될지 모른다는 생각에 나는 남편과 다시 마주 앉아 얘기를 했다.

"공부해 봐, 대신 꼭 합격해야 돼. 내가 능력이 없다면 모르지만 내가 당분간은 살림을 책임질 테니 자기는 공부에만 전념해."

이렇게 해서 남편은 공부를 시작하게 되었다.

남편이 공부를 한다고 했을 때 친정엄마가 참 많이도 우셨다.

"여자가 똑똑허니까 그렇게 팔자가 쎈 것이다. 여자는 그저 백만 원이 됐든 이백만 원이 됐든 남편이 벌어다주는 돈으로 집에서 살림이나 허는 것이 젤로 무난허고 덜 고생허는 것인디. 나이 마흔 넘어서 뭔 공부를 혀, 공부도 다 때가 있제. 너, 그 뒷바라지 헐라믄 죽었다. 어쩔라고 그러냐?"

"엄마, 내 팔자면 할 수 없지. 한 번 해보고 싶다는데 어떻게 못하게 해."

"말이 쉽지, 애들 커가니 돈도 많이 들 텐디 한 달에 돈 백만 원씩이라도 벌어와도 시원찮을 판에 송 서방도 학원 다님서 돈을 써대믄 니가 그것을 어떻게 감당을 허냐?"

"할 수 없지 어떻게 해."

"아이고 이 염병헐 년아, 잘난 척허고 똑똑헌 척허니께 고생이여. 송 서방이 그럴 때 '나는 모른다. 그믄 우리는 굶어죽는다' 히야 나가서 돈벌 궁리를 허제, 니가 점잔뺌서 '허고 싶은 대로 히봐 내가 돈은 벌께' 이러니 꼴이 이렇게 돼서 너만 고생허는 거 아니냐? 아이고 폭폭혀. 나는 모르겄다, 몰라."

내 고생을 내가 모르는 게 아니었다. 또 엄마 맘을 모르는 것도 아니었다.

엄마 말처럼 정말 힘든 3년이었다. 열심히 산다고는 살았지만 힘이 들었고, 누구에게 하소연 한마디 할 수도 없었다. 내가 시집 잘 가고, 좋은 직업을 가지고 잘산다고 친지들이나 친구들에게 소문이 나 있었으니 내 자존심에 '우리 망해서 나 힘들어' 라고 말할 수 있는 것도 아니었고, 정말 우아한 백조처럼 아무렇지도 않게 폼잡고 살았지만 물 속에서는 얼마나 죽기 살기로 헤엄을 쳐댔는지 모른다.

내가 3년간 그렇게 힘들어도 남들에게 내색 한 번 안 하고 잘살 수 있었던 것은 엄마, 친정엄마의 힘이다.

처음 남편이 공부하기로 했다는 말을 했을 때는 그렇게 울며 내 속을 상하게 하더니 막상 시작을 하고 나니 엄마가 모든 일을 다 해주셨다. 반찬을 해대는 건 기본이었고, 철철이 야채와 과일 등을 사서 택배로 부치시고, 사위의 보약까지 때때 챙기셨고, 늘 내게 전화해서 '이왕 하는 일이니 기쁜 마음으로 하고, 공부하는 사람 신경 안 쓰이게 조심하라' 며 충고와 격려를 아끼지 않으셨다.

누구보다도 내 맘과 내 성격을 잘 알기에 어디 가서 꿀리지 않게 하시려고 엄마가 최선을 다해 나의 분신이 되어 도우신 거다. 누가 알아주든 몰라주든 이미 내가 결정하고 시작한 일, 내가 조금이라도 덜 힘들게 하려고 이를 악물고 도우신 거다. 역시 세상에 영원한 내

편은 엄마밖에 없었다.

　나는 다 안다. 나는 입으로 '힘들어 힘들어' 했지만 엄마는 속으로 피눈물을 흘리셨을 것이다. 겉으로는 나에게 이깟 고생은 아무것도 아니라고 이 고비만 넘기면 잘 될 거라고 위로를 해주시면서도 얼마나 맘 아파하셨을지 나는 다 안다. 알면서도 모르는 척 아무것도 모르는 척했다. 알고 있는 내색을 하면 그 감정들을 추스르기 힘들까 봐 아마 엄마도 나와 비슷한 마음이었을 거 같다.

　엄마의 도움과 배려는 그것뿐만이 아니었다. 공부하는 남편에게도 늘 기죽지 않게 신경 많이 쓰셨다. 딸 고생시킨다고 밉기도 했으련만 한 번도 내색을 안 하시고 오히려 내게 남편에게 잘하라는 당부를 잊지 않으셨다.

　또 무슨 때가 되어 우리 가족들이 친정에 가게 되면 혹시나 남편이 처가의 눈치를 볼까 봐 엄마가 엄청나게 신경을 쓰시는 걸 느낄 수 있어서 내가 더 속이 많이 상했었다.

　남편도 그런 걸 알기에 늘 장모에게 고마워했고, 아들처럼 잘하려고 노력을 했다. 사실, 예전에 남편이 잘나갈 때는 남편과 엄마는 그저 장모와 사위의 평범하면서도 어려운 관계였는데 이제는 정말

가까운 사이가 되었다.

　친정에 가서 밥을 먹을라치면 먹성 좋은 남편은 너무나 맛있게 음식을 먹는데, 그러면 우리엄마는 그 옆에 앉아서 마흔 넘은 사위의 엉덩이를 두들기며 '아이고 우리 사우 잘 먹네, 많이 먹소. 아이고 이뻐라'를 연신 해대신다.

　그런데 왜 우리 남편이 울게 되었느냐?

　그날도 우리가 친정에 놀러갔다가 반찬이며 먹거리를 차에 잔뜩 싣고 고속도로를 타고 올라오는데 남편이 옆에 앉은 나에게 뭔가를 찔러 준다.

　"뭐야?" 하고 보니 접고 접고 또 접은 돈 7만 원이다.

　"웬 돈이야?" 하고 물으니, 출발 전 엄마가 뒤꼍으로 불러서 가니 눈물을 글썽이시며 이걸 주더란다.

　"나이 들어서 공부 허기도 힘들 텐디, 마누라 눈치 봄서 돈 타 쓰기도 미안허제? 이놈 갖고 가서 댐배 사 펴. 내가 돈 10만 원이라도 채워서 주믄 좋을 것인디, 아무리 노력을 히도 못 채웠네. 미안허네."

　구겨진 돈 7만 원.

　엄마는 수입이 없으신 분이다. 우리 남매들이 조금씩 보내드리는 용돈으로 생활을 하시려니 엄마도 빠듯할 텐데…….

우리나라 사람들은 끊기를 좋아하니 5만 원이면 5만 원이고 10만 원이면 10만 원이지 7만 원이라니. 아마 그건 엄마의 전 재산이라는 뜻일 거다. 그걸 생각하니 너무 속이 상해서 차 속에서 울며 남편에게 소리를 질러댔다.

왜 받아왔냐고, 우리가 엄마한테 줘야 되는데 주지는 못할망정 왜 받아왔냐고? 엄마의 전재산인 7만 원을 다 받아오니 속이 시원하냐고 막 억지소리를 해대며 울었다.

내가 아무리 억지소리를 해도 아무 소리 않고 가만히 운전만 하던 남편이 갑자기 갓길에 차를 세우더니 두 손으로 얼굴을 가리고 흐느껴 울었다.

나는 어머니가 나를 그렇게 사랑하시는 줄 몰랐다고, 딸 고생시킨다고 미워할 줄 알았는데 그게 아니었다고. 어머니가 그 돈을 주시기에 처음엔 사양했지만 나중에는 고마워서 받았다고. 진심으로 아들한테 하듯이 딸 몰래, 딸 눈치보며 돈 타 쓰는 자신을 안쓰러워하며 주시는 마음이 너무 고마워서 받았다고. 그러면서 덩치는 곰같이 큰 사람이 애처럼 흐느꼈다.

그렇게 서울집에 도착해 엄마에게 전화를 했다. 엄마에 대한 안쓰러움과 고마움을 또 예쁘게 표현 못하고 또 딸 특유의 짜증으로 왜 그런 짓을 했냐고 소리를 지르니 엄마가 웃으시며 그러신다.

"야야, 그 변리산가 뭔가가 되기만 험사 좋은 것이람서? 어쨌거나 그것도 '사' 자 신랑인디 니가 첨부터 '사' 자 신랑한티 시집을 갈라고 했으믄 열쇠 세 개다 뭐다 집안 거덜 날 뻔했어야. 송 서방이 결혼허고 나서 '사' 자 신랑이 될 모양인게 우리는 열쇠 세 개 굳은 것이여, 근게 송 서방한티 우리 잘허자" 하신다.

우리 엄마는 정말 대단하다.

우리를 울리고 웃기는 재주가 보통이 아니시다. 거기다 단돈 7만 원으로 사위를 아들로 만들어 버리시는 대단한 재주도 가지셨다.

엄마의 약속

사실은 내 위로 세 살 위인 언니가 하나 있었다. 언니가 일곱 살, 그러니까 내가 네 살 때 언니는 죽었다. 그러나 엄마는 지금까지도 그때의 일을 입 밖으로 내놓은 적이 없으시고, 그런 일은 있지도 않았던 것처럼 생활하신다.

작년에 방송출연 문제로 구성작가가 엄마에게 그와 관련한 질문을 하자 엄마는 "너무 오래 돼서 아무것도 생각이 안 나요. 다른 것 물어보쇼" 하고는 말을 돌려버리셨다.

너무 오래돼서 생각이 안 난다고? 아무리 오랜 시간이 흘러도 어찌 자식을 잊는 부모가 있을까? 엄마는 약속을 지키고 있는 것인지도 모른다.

이 이야기는 내가 아버지에게 들은 얘기이다.

원래 본가에 사시다가 읍내로 분가해서 나온 우리 부모님. 본가에서 농사를 짓고 살았으면 먹고사는 건 걱정이 없었겠지만 그때 엄마 생각으로는 넓은 곳으로 나가야 자식들을 공부시킬 수 있다는 생각이 들어서 아버지를 설득시켰다고 한다.

물론 일손이 딸리는 시골에서는 우리 부모님의 분가를 탐탁지 않게 생각하셨지만 엄마는 어떻게든 아이들을 잘 가르치고 싶어서 읍내로 나가자고 했다. 그렇게 아버지는 읍내에서 트럭운전을 하시고 엄마는 단칸방에서 우리를 키우게 되셨다.

언니는 일곱 살, 나는 네 살, 내 동생은 두 살.

그렇게 자리를 잡아가며 살고 있는데 언니가 시름시름 아프더란다. 그래도 심각하게 생각하지 않고 설탕물이나 좀 타서 먹이고 손으로 배나 좀 쓰다듬어주고 이랬었나 보다. 그러다가 엄마는 또 임신을 하게 되었고 입덧이 너무나 심했다. 그러나 한창 말썽부릴 나이인 우리들은 엄마의 그런 사정은 알지도 못하고 난리였을 테고…. 보다 못한 친할머니께서 엄마가 힘들까 봐 언니를 본가로 데려가셨다.

　하지만 든 자리는 몰라도 난 자리는 안다고, 언니가 없는 집은 썰렁했고, 엄마도 힘들어도 내 새끼 내가 키워야지 보고 싶어서 안 되겠다면서 아버지에게 자꾸 언니를 다시 데려오라고 했다.

　그래서 며칠 후 아버지는 언니를 데리러 버스를 타고 본가로 갔다. 언니는 아버지를 보고 팔짝팔짝 뛰며 좋아서 떨어지질 않았다. 한밤 자고 내일 엄마한테 가자고 하니 언니가 엄마 빨리 보고 싶다고 얼른 기고 싶다고 빨리 자자고 했다.

　그렇게 본가에서 아버지와 함께 잠이 든 언니. 새벽녘에 언니는 갑자기 토하고 경기를 하고 난리가 났다. 그러더니 마당으로 뛰어나가 '엄마―, 엄마―, 엄마―' 이렇게 부르더니 그대로 푹 쓰러져 눈을 감았다.

　아버지는 한동안 언니를 끌어안고 울다가 광에 가서 깨끗한 가마니를 하나 찾아 잘 뜯어서 그 가마니로 언니를 둘둘 말아 새끼줄로 꽉 맸다. 그리고 아무 일도 없었다는 듯 날이 밝기 전에 그 가마니를 지게에 얹어 지고 산으로 올라갔다. 그리고 아버지는 깊은 산 속에

지게를 부려놓고 손으로 땅을 파며 엉엉 울었다.

일곱 살의 딸, 눈에 넣어도 아프지 않을 딸이 자다가 일어나 눈 깜짝할 사이에, 어떤 손을 써볼 겨를도 없이 그냥 아버지의 눈앞에서 엄마를 목놓아 부르다가 가버린 것이다.

아버지도 옛날분이라서 할머니와 형님, 형수 등 어른들이 계신 데서 자식 가지고 이러쿵저러쿵 하는 것이 예의가 아니라 생각하셨는지 그 앞에서는 맘껏 울지도 못하고 죽은 딸이 채 식기도 전에 가마니에 싸서 산 속으로 가져가 그 딸을 묻을 땅을 파며 엉엉 우셨던 것이다.

그렇게 딸을 묻고 내려와 아무 일 없었다는 듯 아침을 먹고 다시 읍내의 집으로 가려는데 할머니가 따라나서셨다.

"내가 봐주겠다고 애를 데려와 놓고 이런 일을 당했으니 내가 가서 에미한테 빌어야 쓰겄다."

"엄니, 아니요. 새끼야 또 나믄 되는 것이제. 갸가 원래 몸이 약해서 그랬지 뭔 엄니가 잘못 봐서 그랬간디요. 염려마쇼. 아무도 엄니 원망 안 헌게."

"아녀, 내가 죄인이여, 지 새끼 지가 봐야 허는디 괜시리 봐준다

고 데리고 와서는… 에미는 지 새끼 얼굴도 못보고 이렇게 허망하게 땅에 묻힌지 알믄… 아이고 이 일을 어쪄….”

　괜찮다는 아버지를 기어이 따라가겠다는 할머니. 결국 아버지와 할머니는 같이 버스를 타고 읍내로 나왔다. 그러나 그 말을, 새끼가 죽있다는 말을…, 새끼를 기다리고 있는 에미에게 누가 전할 수 있을 것인가?

　할머니와 아버지는 아무 말 없이 그저 읍내 장구경을 한다며 빙빙 돌기만 하지 누구도 먼저 집으로 가자는 말을 못했다. 그러다 결국 아버지가 장구경은 그만 하고 집에 가서 밥을 먹자며 앞장을 섰고, 할머니도 말 없이 아버지 뒤를 따라갔다.

　그렇게 집안에 들어서며 헛기침을 하니 복사꽃같이 환한 미소를 지으며 엄마가 부엌에서 뛰어나오더란다.

　“아이고 엄니 오셨소? 당신도 잘 댕겨왔소? 근디 우리 애기는 어딨소? 데리고 온다고 가드만 안 데리고 왔소?”

　“아이고, 에미야 내가 죽일 년이다, 아이고 아이고.”

　“엄니, 왜요? 왜 그러쇼?”

"당신 이리 조께 와봐."

기다리던 딸을 찾는 엄마를 보고 할머니는 목놓아 우셨고, 아버지는 어리둥절한 엄마를 끌고 부엌으로 갔다. 그리고 겁을 주듯 엄마에게 말했다.

"새끼는 또 낳으믄 새끼여, 당신 혹시라도 우리 엄니 속상허게 허믄 내가 가만 안 둘 판이여."

"뭔 소리요? 왜 이러요?"

"큰애, 죽었네. 새벽에 마당에서 자네 찾음서 엄마 세 번 부르더니 그대로 꼬꾸라져 죽어버렸네, 그리서 내가 가마니로 싸서 사망굴산에다 묻고 오는 길이네."

"오메, 이게 뭔 소리여. 내 새끼가 죽다니 이게 뭔 소리여? 당신, 잘못한 거 아녀? 숨쉬는 애기를 묻어버린 거 아녀? 따땃헌 애기를 그냥 묻어버린 것 아녀? 확인했어? 숨 안 쉬는 거 확인했어?"

"했네, 내가 막 흔들어도 봤네. 죽었데. 애기가 축 늘어져 버리데."

"아녀아녀, 그럴 리가 없어. 왜 우리 애기가 갑자기 죽어? 나 좀 보여주제, 묻기 전에 나 좀 보여주제. 얼마나 보고 싶었는디… 그 어린 것이 가면서 얼마나 엄마를 찾았겄어. 어떻게 나도 안 보여주고

묻어, 내 새낀디 왜 당신 맘대로 묻어?"

"보믄 뭣 혀? 속만 상허제. 우리는 다른 새끼들이 있잖여. 당신 맘 단단히 먹어."

"아이고… 그믄 나는 인자 갸 얼굴 못 보는 거여? 그때 그렇게 보낸 것이 마지막 모습인 거여? 내 새끼 인자 나는 죽기 전에는 못 보는 거여? 여보, 내 새끼 얼굴, 나 좀 한 번 보여주고 문제, 뭣이 그렇게 급히서 식기도 전에 가마니에 싸서 묻어 버렸소? 나 좀 한 번만 보여주고 문제, 내 새끼 내가 낳았응게 갈 때도 내가 한 번 안아주고 가게 히야 허는디…. 나 좀 한 번 보여주고 문제… 숨 정말 안 쉬는지 내가 보믄 아는디…. 그 고사리 같은 손 한 번만 잡아보게 허고 문제, 뭣이 그렇게 급허다고…."

"시끄럽네. 인자 다 지난 일이네. 엄니랑 나 밥 안 먹었네."

그렇게 부엌 밖으로 나가버린 아버지.

엄마는 부엌 한쪽에 앉아 죽은 딸이 쓰던 밥그릇과 숟가락을 찾

아 품에 안고 꺽꺽 울었다.

마루에 앉아서 아버지와 할머니는 그런 엄마의 울음소리를 들으며 먼산만 보고 있었다. 그렇게 한참 시간이 흐른 후 엄마의 울음소리는 잦아들고 달그락거리는 소리가 나더니 잠시 후, 엄마는 잘 차린 밥상을 들고 마루로 나왔다. 할머니는 엄마의 얼굴을 못 쳐다보고 있는데 엄마가 퉁퉁 부은 얼굴로 배시시 웃으며 그랬다.

"엄니, 부모 자식간도 다 인연이라는디 갸랑 나랑은 인연이 여기까진갑소, 어쩌겄소, 헐 수 없제."

"미안허다, 내가 가를 안 데리고 있어야 허는디…."

"뭔 말씀이요? 엄니가 뭣이 미안히요? 다 지 팔자지. 엄니, 우리 아직 젊고, 새끼는 얼마든지 낳을 수 있네요. 나, 간 새끼는 잊을라요. 그리고 내 옆에 있는 내 새끼들 보란 듯이 잘 키울라요. 첫애라 첫정을 잊기는 어렵겄지만 나 잊을라요, 갸… 보고 싶어도 참고, 죽어서 만나믄 더 잘해줄라요. 살아서는 내 옆에 있는 새끼들한테 잘 히주고 나중에 그 아이 옆에 가서는 다 못 해준 거… 몇 배로 다 해줄라요."

그렇게 엄마는 할머니와 아버지에게, 아니 어쩌면 자신에게 약속을 단단히 했는지도 모른다. 그 후 나는 지금까지 크면서 엄마가 죽은 언니에 대해서 얘기하는 걸 한 번도 들은 적이 없다.

나는 그저 막연히 언니가 하나 있었던 것 같은데… 뭐 이런 정도였지 언니에 대한 기억은 전혀 없다. 내가 네 살 때이니 기억이 안 나는 게 당연할 거다. 크면서 친척들을 통해서 언니가 하나 있었다는 얘기를 듣기도 했지만 부모님이 맘 아파 하실까 봐 묻지 않고 지나쳤었다.

그러다가 내가 결혼을 하게 되고 혼인신고를 하려고 호적초본을 떼다가 서류에 언니의 사망신고를 보고 엄마에게 한 번 얘기한 적이 있었다.

"언니가 일곱 살 때 죽었구나."

"너는 생각 나냐?"

"아니, 엄마는 생각나?"

"한 번도 잊어본 적이 없다. 내 기억에 그 딸은 맨날 일곱 살이다. 징허게 이뻤어야. 그 작은 입으로 '엄마, 엄마' 부름서 따라다녔어야."

"엄마, 어떻게 잊었어?"

"안 잊었어. 너도 나중에 새끼 낳아서 키워봐라, 잊어지는가?"

"엄마는 지금까지 한 번도 언니 얘기 한 적 없잖아."

"아무도 모른게… 내 새끼 나만 알지 누가 알간디… 나는 다 알어야. 내 새끼가 어땠는지. 낳았을 순간부터 일곱 살 먹도록 클 때까지…. 영화처럼 다 보여야."

"엄마, 진짜 힘들었겠다? 보고 싶어?"

"그냥… 그때는 먹을 것이 없어서… 갸가 입이 짧었어. 밥을 안 믹으믄 간식이라도 소께 사멕였어야 허는디. 돈도 없고. 내가 갸… 사과 하나 제대로 못 사준 것이 걸리더라. 아프다고 허믄 병원을 데리고 가야 허는디 설탕물만 타 멕이고… 사과를 좋아했는디… 그놈을 하나 못 사멕였네."

"엄마…."

"다, 지 팔자여. 몰라, 다 생각도 안 난다. 다 잊어버렸다. 나는 너그들 키운 기억밖에 없다. 갸는 잊었다, 잊은 지 오래다."

그때, 내가 혼인신고를 하기 위해 호적초본을 떼러 가서 엄마와 잠깐 그런 얘기를 했었고, 나는 엄마의 아픔을 알겠기에 그 후 나를 비롯한 우리 가족들은 다시는 그 일에 대해서 아는 척을 하지 않았다. 그리고 작년에 내가 《친정엄마》를 내게 되면서 정말 엄마에 대해서 이것저것을 다시 되짚어보게 되었다.

그러던 중, 일곱 살 때 죽은 언니 생각이 났다. 일곱 살. 내가 이 세상에서 유일하게 꼼짝 못하는 나의 딸도 일곱 살이었다. 그 딸의 뽀뽀 한 번 받기 위해서 나는 온갖 유치한 짓을 다 해야 했고, 딸이 밥이라도 한 끼 안 먹으면 어떻게 될까봐 전전긍긍 따라다니며 "뭐 해줄까? 뭐 사줄까?"라고 물으며 눈치보고.

딸이 유치원에서 배워온 율동이라도 한 번 서비스 차원에서 해주면 온가족이 다 하하호호… 이렇게 예쁜 애가 어디서 생겼냐며 호들갑이고. 밥 먹는 모습만 봐도 예쁘고, 색연필로 낙서를 해도 신기하고… 자는 모습이 천사처럼 예뻐서 자는 아이 볼에 대고 뽀뽀를 백 번도 더하고… 너무 예쁜 일곱 살짜리 나의 딸.

그러다가 문득 생각이 났다. 엄마가 가슴속에 묻고 있는 딸이 일곱 살이라는 것이. 이렇게 귀엽고 예쁜 짓을 하던 딸이 하루아침에 없어진다고 생각을 하면, 나는 그 생각만으로도 숨이 막히는 것 같고, 눈물이 쏟아진다.

그런데 우리 엄마는 그런 딸을 잃었다. 그리고 기억도 안 난다고, 다 잊었다고 말했다. 사실은 하나도 안 잊었으면서. 그래서 나는 《친정엄마》의 원고를 정리하다가 그 일을 떠올리며 엄마에게 다시 전화를 한 적이 있다.

"엄마, 우리 딸이 일곱 살이야."

"아이고 벌써 그렇게 됐냐?"

"엄마, 우리 딸 크는 거 보면서 엄마 생각나네. 언니 일곱 살 때 죽었잖아. 엄마 그때 얼마나…."

"시끄러, 야가 시방 뭔 소리를 허는 거여, 나는 딸은 너 하나여."

"언니 있었잖어."

"너는 벨 쓰잘데기 없는 것을 다 기억헌다. 나 하나믄 돼. 너까지 그런 생각헐 것 없어. 나 너무 오래돼서 생각도 안 나고, 내 자식은 너그들뿐이여. 이 세상에서 내 살이라도 뜯어 먹이고 싶은 것은 너그들뿐이여. 다시는 그런 소리 말어."

나는 엄마의 그런 반응이 너무 의외였다. 정말 엄마는 잊은 걸까?

나한테 호통을 치면서까지 기억하지 말라고 하는 이유는 뭘까?

10년 전 호적초본을 떼러 가서 엄마와 죽은 언니 얘기를 잠깐 했을 때 그때는 마음이 좀 아프기는 했지만 엄마의 마음을 다 이해할 수는 없었다. 그러나 내가 자식을 낳아보고 내 딸이 일곱 살이 되었을 때 딸의 모습을 보면서 엄마 맘을 너무나 절절히 알 수 있을 것 같아서 진심으로 엄마에게 전화를 했건만 엄마는 또 10년의 세월이 흐른 지금은 그때 맘과는 또 달라져 있다. 마치, 그런 일이 엄마 인생에는 없었다는 듯….

엄마가 왜 그럴까? 어쨌든 엄마는 우리에게 최선을 다했다. 딸의 죽음 소식을 듣고 한참을 울다가 밥상을 차려와서 시어머니와 남편 앞에서 했던 약속을 지금도 지키려고 노력하는 것 같다. 내가 자식을 키워보니 알겠다.

아무리 세월이 흘렀어도 그 자식을 어찌 잊겠는가? 단지 잊은 척 사는 것 뿐이지.

신부님은 무자식

우리 엄마가 재미있는 분이라는 건 내 주위사람이라면 알 만한 사람들은 다 안다. 워낙 성격이 낙천적이시고 웃음이 많기도 하지만, 사실 우리 엄마가 웃기는 건 남을 웃기려고 해서 웃기는 게 아니라 엄마의 순박함이 너무 웃기는 거다.

엄마는 아무렇지도 않게 하던 대로 하시고, 일상의 얘기를 하시는데 주변에 있는 사람들은 자지러지게 웃는다. 그러면 엄마는 눈을 말똥말똥 뜨고서 나를 보며 '왜들 저렇게 웃는데?'라고 물으신다.

엄마는 웃기실 의도로 하신 얘기가 아니지만 우리가 듣기에는 너무 웃기고, 그런 의도가 없던 엄마는 그게 너무 이해가 안 가시는 거다. 그런 엄마가 당신이 다니시는 성당의 신부님을 당황하게 한 일도 있다. 그 일도 나 때문에 생긴 일이다.

　나는 일이 안 풀리고 답답할 때는 엄마와 통화를 한다. 엄마가 해결방안을 가지고 있어서가 아니라 힘들 때는 엄마 생각이 절로 나기 때문이다. 사람이란 게 참 이상하다. 일이 술술 잘 풀릴 때는 잘 모르고 지내다가 일이 힘들어지면 엄마가 보고 싶고 생각이 난다. 괜히 쓸데없이 왜 날 낳아서 이렇게 힘들게 살게 하냐는 투정이 나오기도 하고.

　언젠가 동료들이랑 노래방에 갔다가 참 공감이 되는 노래가사를 접한 적이 있다.

　　어메 어메 우리 우리 어메

　　뭣 헐라고 날 낳았던가

　　날라거든 잘 낳거나 못 날려면 못 낳거나

　　살자 하니 고생이요 죽자 하니 청춘이라

　　요놈 신세 말이 아니네

　　어메 어메 우리 우리 어메

　　뭣 헐라고 날 낳았던가

참 가사가 절절하고 가슴에 와 닿았다. 엄마라는 존재는 공기와 같은 존재인 거 같다. 평소 때는 소중한 걸 잘 모르다가 어떤 일들을 겪으면서 문득문득 생각나는 존재.

나도 잘나갈 때는 내가 잘나서 잘나가는 것처럼 잘난 척하며 살다가 일이 안 되고 힘들면 엄마에게 전화해서 '왜 날 낳아서 이 고생을 하게 만드냐' 고 운 적도 있다. 그때 엄마는 얼마나 속상하셨을까?

하여튼 힘들 때 가끔 엄마가 보고 싶고, 엄마 목소리가 듣고 싶어서 전화를 하는데 엄마는 내 하소연을 듣고 나면 한숨만 쉬신다. 달리 도와줄 방법이 없으니.

그러다가 엄마가 선택한 방법이 점집이다. 도와주고 싶은 마음은 굴뚝 같으나 도와줄 방법은 없고 내가 답답할 것을 생각하니 엄마는 더 답답해서 죽을 것 같고. 그래서 지푸라기라도 잡는 심정으로 점집에 가서 내 일들을 물어보신다고 한다.

그렇게 점집에 가서 점을 보시고 내게 전화해서 그 내용 중 나쁜 말은 다 빼고 좋은 말만 전해주시며 힘내라고 격려하신다. 그러면 나도 깔깔 웃으면서 건성으로 그런 걸 왜 봐? 하고 마는데 사실 점집에 가는 일은 엄마 입장에서는 무지하게 힘든 일을 하시는 거다.

엄마는 오랫동안 절에 다니시다가 10여 년 전부터 성당에 다니시는데 절에 다니실 때야 자주 점도 보러 다니고 하셨지만 성당을 다니기 시작하시면서부터는 일절 점을 보지 않으셨다.

그러다가 내가 결혼을 한다고 하고 신랑네에서 반대를 한다고 하니 기도의 힘으로는 안 되겠다고 생각을 하셨는지 내 결혼문제로 여러 곳에 가서 점을 보셨고 궁합도 보셨단다. 그리고 신부님께 고해성사를 하며 다시는 점집에 안 가겠다고 했다는데, 내가 속상한 걸 털어놓을 때마다 한 번씩 가시고, 신부님께 고해성사를 하신단다.

그럴 때마다 신부님은 너그럽게 다시는 가지 말라고 주의를 주시는데, 그러면 대답은 시원스럽게 '예~' 해놓고 내가 답답한 얘길 하면 또 가시는 거다. 처음 한 번 하는 것이 심장이 떨리고 죄책감이 들지 한 번 두 번 하다 보면 그것도 무뎌지는 거니까.

그리고 엄마는 뭐든 신부님께 고해성사만 하면 모든 죄가 사하여지는 줄 알고 있기에 점집에 갔다오면 얼른 성당으로 달려가서 신부님께 고해성사를 하신단다. 그날도 점집에 갔다온 후 양심에 찔려서 얼른 성당으로 달려가 신부님을 찾았단다. 그리고,

"거시기요, 제가 죄를 지었네요." 했더니 신부님이 대뜸 엄마에

게 "또 점집 갔어요?" 하시더란다.

"히히히…. 인자 신부님도 점쟁이 다 됐네요이."

"아네스, 점집에 가지 않기로 하셨잖아요?"

"내가 약속은 그렇게 했는디 자식 일이 걸리다 본께…. 아따, 성모님도 예수님 아들 두셨응께 내 맘 알 것이요."

"천주님과 하신 약속은 지키셔야죠. 아무리 자식 일이 걸렸어도 그렇지, 그러다 구원 못 받고 지옥 가시면 어쩌시려구요?"

"에휴, 자식 키우믄 자식 일보다 더 중헌 것이 없어요. 내가 지옥불에 떨어지는 것 무섭다고 자식 일 소홀히 할 부모는 세상천지에 없을 것이요. 신부님도 자식… 아하, 신부님은 자식 없제? 근게 에미 맘 모르겄고만? 그러니께 그런 소리 허제. 자식 있으믄 그런 소리 못 허지, 암."

세상에 신부님한테 자식 없어서 에미 맘 모른다고 타박을 놓는 우리 엄마. 그리고도 그게 너무 당연하다는 듯 당당한 모습. 잘못을 해놓고도 이렇게 당당한 시골할머니의 순박함을 신부님인들 어쩔 것인가.

그놈의 개 때문에

친정집에는 늘 개를 키운다. 아버지가 돌아가시기 전에는 아버지가 개를 좋아하셔서 키웠고, 아버지가 돌아가신 후에는 엄마가 큰집에 혼자 계시기 무섭고 적적하다고 키우신다. 요즘 아파트에서 키우는 작고 귀여운 애완견이 아니라 순수 토종똥개 말이다.

어려서부터 늘 마당에 개가 있었기 때문에 친정집을 떠올릴 때면 개들도 늘 같이 떠오르곤 한다. 그런데 우리와 친숙하게 같이 살아온 개들 때문에 우리집 나무기둥이 숯이 되어 아버지가 숯장사를 할 뻔한 사건이 우리집에 있었으니….

때는 1986년 겨울. 그때 우리는 처음으로 개를 키우지 않고 있을 때였던 것 같다. 그동안은 아버지가 개를 좋아하셔서 키우긴 했지만 집안에서 늘 개냄새가 나고 개털이 날리는 것을 엄마가 너무 싫어하셨다. 또 개밥이니 개똥치우기 등 잡일들은 늘 엄마의 몫이었기에 우리 4남매를 키우시면서 개를 두세 마리씩 키우시는 게 힘드신 엄마가 거세게 아버지에게 항의를 해서 개들을 다 팔게 된 것이다. 그래서 엄마는 며칠간 개가 없으니 좀 허전하기는 해도 참 편하고 좋다고 콧노래를 부르셨다.

그러던 어느 날.

아버지가 진도에 놀러가시게 된 것이다. 진도는 진도아리랑, 진도 김 등이 유명하기도 하지만 무엇보다도 진돗개가 유명한 곳이 아닌가. 개를 좋아하시는 아버지는 그곳에 놀러가셨다가 진돗개의 영리함과 용맹스러움에 반하게 되셨고, 어떻게든 그 개를 한 번 키워보고 싶으셨나 보다.

진도 밖으로는 절대 진돗개를 빼낼 수 없다는 동네사람을 잘 구슬려 비싸게 주고 낳은 지 얼마 안 되는 진돗개 새끼 두 마리를 사서는 박카스 박스에 몰래 넣어서 가지고 온 것이다. 진돗개를 키우게 됐다는 행복도 잠시, 아버지는 개 키우기를 싫어하는 엄마를 어떻게 설득시키나도 걱정이 되었고, 또 진돗개 새끼를 한 마리에 25만 원씩

한 쌍에 50만 원을 주고 샀다는 얘기를 엄마에게 어떻게 해야할지 걱정이 되었던 것이다.

그때만 해도 시골에서는 옆집에서 개가 새끼를 나면 한 마리씩 공짜로 얻어다가 키우거나 그랬고, 산다고 해도 강아지 한 마리에 1, 2만 원이면 골라서 살 때였지 지금처럼 애완견 한 마리에 몇십, 몇백 하는 건 상상도 못할 때였기에 이제 겨우 눈뜬 새끼를 50만 원에 사왔다고 할 자신이 없었던 것이다.

그래서 아버지는 할 수 없이 엄마에게 거짓말을 하게 된다.

"개가 있다가 없응게 허전히서 내가 진도에 간 김에 암수 한 쌍 사왔네."

"진돗개면 이름 있는 개라 비쌀 텐디?"

"하나도 안 비싸데. 한 마리에 이만오천 원씩 두 마리 오만 원 줬네."

"아따, 그게 안 비싸요? 누가 강아지를 돈 주고 사요. 말만 허면 얼마든지 얻어다 키울 것을."

"아 이것은 그냥 개가 아니라 진돗개 아닌가 진돗개. 키워서 새끼내믄 서로 사갈라고 헐 것이고, 그믄 본전 뽑는 것이여."

"아, 내새끼 키우는 것도 힘들어 죽겄는디 뭔 개새끼까지 사와 갖고 키우라고 이러는지 참말로….”

엄마는 탐탁치는 않았지만 한 번 사온 개를 어쩌리오. 진도까지 다시 무르러 갈 수도 없고, 또 아버지가 개를 좋아하시기도 하고, 있던 개가 없으니 집안이 허전하기도 해서 그 진돗개 새끼를 키우기로 했다. 아버지는 한 쌍에 50만 원을 주고 산 강아지를 5만 원에 샀다고 엄마를 속였고, 5만 원 주고 샀다고 해도 펄펄 뛰는 엄마를 보며 50만 원 주고 샀다는 소리는 죽을 때까지 숨겨야겠다고 그때 생각하셨으리라.

그렇게 아버지의 거짓말과 엄마의 순진함 때문에 우리 가족이 된 진돗개 새끼 한 쌍. 아버지는 암놈에게는 진숙이, 수놈에게는 진호라는 사람 같은 개이름을 제법 그럴듯하게 지어주셨다.

진돗개니 진짜 돌림으로 이름도 지어야 한다며 진호, 진숙이라고 이름을 지은 것만 봐도 아버지가 그 개에 대한 애정이 얼마나 대단했는지 알 만하지 않은가. 그렇게 이름을 짓는 아버지를 보고 가만히 계실 엄마가 아니기에 한마디 하셨다.

“아이고 개를 쪼곰만 더 사랑허믄 호적에 올린다고 허겄네. 뭔 개이름이 진호, 진숙이여? 개 이름은 그냥 벅구, 메리 이런 것이 얼매나 좋아 진호, 진숙이? 하이고, 당신 성까지 붙이지 그라요?"

"그야 당연허제, 야들은 인자 고진호, 고진숙 내 새끼들이여."

"아, 그믄 첩년이 개여?"

그러시며 깔깔 웃으신다.

정말 지금 생각하면 우리 부모님은 대단한 유머의 소유자였던 거 같다. 어쨌든 그렇게 해서 그 강아지들은 우리 가족이 되었고, 낳은 지 얼마 안 되는 그 강아지들은 한겨울을 방안에서 우리와 함께 지냈다. 너무 새끼여서 우유를 시다가 젖병에 넣어 먹이고 우리도 먹기 힘든 치즈를 사다 먹이면서 그 겨울 우리는 그 진돗개를 방안에서 그렇게 곱게 키운 것이다.

봄이 되자 개는 부쩍 컸고, 이제는 방에서 나와 마당에서 크게 되었는데 엄마에게는 똥개인 척했지만 아버지는 마음속으로 그 개에 대한 비밀을 품고 엄마 알게, 엄마 모르게 얼마나 애지중지 잘 보살피셨겠는가.

진호와 진숙이를 다른 개들처럼 개줄로 묶어서 마루 밑에서 잠들게 하고 싶지 않으셨던 아버지는 비상금을 털어 철공소에 가서 철

근으로 넓고 크게 만든 개집을 특별주문해서 만들어 오셨다. 5만 원이나 들여서 만들어온 그 개집을 보고 엄마는 또 쓸데없는 데다 돈 쓴다고 난리였고, 아버지는 다 그럴 만하니까 한다고 생각은 하면서도 엄마 앞에서는 그저 철없는 남편 한 번만 봐 달라는 식으로 허허 웃으며 계셨다.

그렇게 진호와 진숙이의 멋진 집은 우리집 마당 한가운데 떡 버티고 있었고, 그 안에서 진호와 진숙이는 무럭무럭 자랐다. 아버지는 늦둥이를 보신 것처럼 즐거워하며 출근하실 때는 "진호 진숙이 집 잘 보고 있어, 아빠 갔다올게" 하셨고, 퇴근할 때는 대문 앞에서부터 "진호야— 진숙아—" 하며 들어오셨다.

개들도 주인이 저를 사랑하는 걸 아는지 아버지의 발소리, 음성만 들어도 컹컹 짖고 이리 뛰고 저리 뛰며 좋아했었다. 아버지는 그 개들을 휴일에는 개 훈련시킨다며 공터로 끌고다녔고, 목욕을 시킨다 털을 빗어준다… 자식 키우듯 공들이며 사랑으로 키웠다. 개밥도 사람이 먹어도 될 정도로 신경 써서 잘 먹였으니 개가 얼마나 미끈하고 멋지게 잘 자랐겠는가?

그렇게 근 일 년 정도 키웠을까? 시골이라 늘 대문을 열어놓고 살다시피 하니 사람들이 지나가다 우연히 우리 개를 보기도 하였으리라. 집에는 늘 엄마와 진호 진숙이만 있었다. 그런데 어느 날부턴가 어떤 늙수그레한 아저씨가 할 일 없이 우리집 마당에 와서 개들하고 놀다 가더란다. 엄마가 왜 그러냐고 하니, 그냥 개가 좋아서 그런다고 할 일 없는 사람이니 시간 날 때 이렇게 개들 좀 보게 해달라고 하기에 그러라고 했더니 거의 매일 개에게 줄 먹이를 사가지고 와서 있다 가곤 했단다.

참, 시골인심이 좋은 건지 우리 엄마가 겁이 없는 건지…. 그리고 며칠 후, 그 아저씨가 엄마에게 넌지시 그러더란나.

"아줌니, 이 개 팔 생각 없소?"

"아이고 못 팔어라우, 우리집 양반이 얼마나 좋아허는디."

"내가 이 개한테 정이 들어서 그러니 꼭 좀 팔았으믄 좋겄는디."

"장에 가믄 개 많은디 어째 꼭 우리 개를 살라고 그라요? 일 없소."

"내가 이 개를 꼭 사고 잡어서 그라요. 좀 파쇼."

"얼마 줄라간디요?"

"얼마 주믄 팔겄소?"

이 남자는 개를 볼 줄 아는 남자였던 것이다. 우리집 앞을 우연히 지나가다가 보기 힘든 순수혈통의 진돗개를 보게 된 거고, 그걸 사기 위해 며칠 동안 염탐을 한 건지도 모르겠다. 그걸 알 리 없는 엄마는 그 아저씨가 흥정을 해오자 대수롭지 않은 똥개라고 생각하니 그냥 농담하듯 말을 받았던 거다.

팔라고 졸라대기는 하지만 남편이 하도 좋아하는 개니 팔기는 좀 그렇고…. 망설이던 엄마는 그저 농담하듯 말했단다.

"오십만 원 주믄 팔겠소."

"오십만 원요?"

"오십만 원에서 십 원이라도 빠지믄 안 팔아요."

"예, 오십만 원 드릴게요."

이렇게 해서 엄마는 얼떨결에 진호와 진숙이를 단돈 50만 원에 팔게 된 것이다. 처음에는 땡 잡은 거 같더란다. 똥개새끼 5만 원 주고 사 1년 키워서 10배 장사를 했다고 생각하니 좋기도 했을 것이다. 안 팔 맘으로 좀 과하게 오십만 원을 부른 것인데 선뜻 주겠다고 하니 엄마는 놀랍기도 하고 반갑기도 하고 미안하더란다. 시골 양심에 그깟 개를 오십만 원이나 받고 팔라니 너무 양심에 찔려서 오만 원이나 주고 철공소에서 특수 제작한 개집까지 주겠다고 자진해서 말했단다.

　뜻하지 않은 횡재를 했다고 생각했을 그 사람은 어딘가로 전화를 바로 했고 곧바로 누군가가 용달차와 돈 오십만 원을 가지고 달려와서는 개집과 개를 싣고 오십만 원을 엄마 손에 쥐어주고 가려는데 엄마는 잠시 차를 세우고 개들을 보며 눈물바람을 하셨단다.

　정든 개를 그렇게 보내려니 서운한 마음이 왜 없었겠는가. 엄마는 개들을 쓰다듬으며 사람한테 하듯이 말씀하셨단다.

　"너무 서운허게 생각 마라이, 원래 똥개들은 그러는 것이여. 언제까지 한 주인허고만 살 수 있긴디. 근세 가서 보신탕되지 말고 씩씩허게 잘살아라이."

　갑자기 벼락을 맞은 진호와 진숙이는 차안에서 짖고 뛰고 난리였고, 그렇게 진호와 진숙이는 아버지와 우리들도 보지 못하고 엄마의 배웅을 받으며 어디론지 씽 가버렸다.

　그 다음, 눈물바람을 하며 서운했던 것도 잠시, 엄마는 손에 든 그 오십만 원을 보며 좋아라 시장으로 향하신 거다. 우리들은 학교에 갔다와 진호와 진숙이가 없는 텅빈 집을 허전해 했지만 엄마조차도 집에 없어서 물어볼 수도 없었고, 조금씩의 시차를 두고 돌아온 우리 4남매는 서로에게 진호 진숙이를 물었지만 아무도 알 리가 없었다. 왜냐? 우리 엄마의 단독범행이었으니까.

한참 후, 여느 때와 다름없이 아버지는 대문 저쪽에서부터 '진호야, 진숙아'를 부르며 들어오셨다. 그러나 진호와 진숙이는 대답이 없고, 우리집 마당에 무슨 열녀문처럼 버티고 있던 특수 제작한 개집도 보이지 않고.

우리도 놀랐지만 아버지는 얼마나 더 놀라셨겠는가.

"어따, 우리 진호 진숙이 어디 갔다냐?"

"우리도 모르겄는디, 학교 갔다와 본게 없데."

"느그 엄마는?"

"몰라, 엄마도 없데."

"어마, 누가 우리 개 도둑질혀 갔는 갑네. 뭣 허냐? 얼른 찾어보제."

집안이 이렇게 발칵 뒤집힌 걸 모르고 개 판돈 오십만 원을 들고 시장에 간 우리 엄마. 엄마는 발걸음도 가볍게 장본 것을 이고 대문 안으로 들어선 것을 본 우리. 아버지는 대뜸 소리부터 질렀다.

"집 비워두고 어디 갔다와?"

신이나 기분이 최고조에 있는 엄마는 그런 아버지의 고함도 애

교처럼 보이셨는지 싱글벙글 웃으시며 대답하신다.

"어디 갔다오기는 어디 갔다와, 당신이랑 우리 새끼들 먹을 것이랑 선물이랑 사왔제."

"잘헌다, 집 비워두고 싸돌아 댕긴게 개도둑놈이 와서 우리 진호 진숙이 잡어간 거 안 보여?"

"아녀, 개도둑은 뭔 개도둑. 내가 팔었고만."

"…… 팔어?"

"여보, 나 오늘 집에 가만히 앉어서 땡잡었네. 그 맨날 개 보러 온다는 양반, 그 양반이 오늘은 느닷없이 개를 팔리고 허데. 그리서 나는 안 팔 맘으로 그냥 호되게 불렀는디 그 양반이 다 주고 사갔어."

"오메, 이 예편네. 그리서 얼마 받었어?"

"(자랑스럽게 다섯 손가락 내밀며) 오십만 원."

"아이고 나 죽네. 아이고… 당장 가서 찾어와."

"왜 근가, 개 일 년 키워서 열 배 장사허믄 잘헌 것 아닌가."

"당장 찾어오랑게."

"나 그 양반 어디 사는지도 몰라."

"오메 죽겄네. 아니 이럴 것이 아니다, 성냥 어딨냐 성냥."

 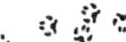

"성냥은 왜 찾어?"

"내가 이놈의 집구석을 확 불질러서 숯장사를 험서 혼자 살아야제. 나 이런 무식헌 예편네 허고는 못살겄어. 뭣 허냐? 성냥이랑 도끼 찾어와라."

아버지의 노여움을 알기에 우리는 옆에서 울며 아버지를 말렸는데 그 와중에 엄마가 한마디 하셨다. 그때는 잘 몰랐는데 나중에 생각하니 얼마나 그 말이 웃기던지.

"여보, 근디 숯장사는 홀애비들이 허는 것이여?"

그렇게 아버지의 보물, 진호 진숙이와 우리 가족의 인연이 끝이 났다. 며칠 동안 진호와 진숙이를 찾기 위해 돈 오십만 원을 손에 쥐고 엄마와 아버지는 여기저기를 돌아다니셨지만 찾지 못하고 포기하셨다. 모든 진실을 다 알게 된 엄마는 아버지가 속인 걸 더 약올라 하셨고, 결국 아버지가 처음부터 자신을 속였기에 그런 일을 당한 거라고 자신이 한 일을 합리화했다.

엄마가 진호 진숙이를 팔아서 그 돈을 가지고 장에 가서 사오신 물건들은 아버지의 겨울점퍼, 내 잠옷, 동생들의 신발과 바지 등이었던 것 같고, 가장 큰 일을 했다고 생각한 엄마는 자신의 몫도 당당히 챙기셨던 것 같다. 엄마의 화장품, 겨울 털슬리퍼, 색깔 고운 나일론 스카프도 엄마 몫으로 있었던 것 같다. 그리고 저녁에 파티할 돼지고기와 부사 몇 개.

나중에 엄마에게 들으니 세상에 태어나서 그때 한 번 신나고 재밌게 돈 써봤다며 웃으셨다. 아버지가 돌아가신 후 엄마는 아버지에게 늘 잘해준 건 생각이 안 나고 못해 준 것만 생각나서 눈물이 난다고 하셨는데 그 중에서도 이때 이렇게 개를 판 것이 아버지에게 제일 미안하다고 얘기 하셨다.

우리는 엄마를 부끄럽거나 창피하다고 생각한 적이 없다. 누구에게나 엄마는 소중하고 따뜻한 존재 아닌가. 엄마가 가끔 이해가 안 되는 일을 하셔도 우리는 잠시 화를 낼 뿐 그런 엄마를 너무 이해하고 귀엽다고 말하며 가족들이 다 모일 때마다 엄마에게 일어났던 일들을 얘기하며 웃음꽃을 피운다.

진돗개 사건 이후 우리를 또 어처구니없게 만들었던 개 사건이 하나 더 있다.

몇 년 전 일이다. 아버지가 돌아가신 후로는 집안이 허전하다며 늘 개를 키우시는 엄마. 한 마리가 아니라 서너 마리씩은 키우셨는데, 그때는 네 마리를 키우셨나 보다. 그런데 언제부턴지 내가 전화를 할 때마다 엄마가 투정을 부리셨다.

"내가 저놈의 개 땜시 아무것도 못 허겠어야. 동네서 어디 간다고 해서 거그라도 한 번 따라갈라믄 이놈의 개밥이 걱정이 돼야서… 나 아니믄 누가 쟤들 밥주냐? 아무리 짐승이지만 굶겨놓고 돌아댕길라믄 내가 찔리고. 아따 개가 아니라 상전이고만" 이러신다.

그러면 딸인 나는 뭐라고 하겠는가, 그저 대수롭지 않게

"팔아버려, 그걸 왜 끼고 있으면서 신경을 써?"

"그리도 저것들도 없이 나 혼자 이 큰 집 지킬라믄 허전허제."

"아휴, 뭘 허전해. 개 팔아버리고 엄마도 뭐 배우러 다니고, 동네 아줌마들이랑 놀러도 다니고, 속 편하게 살어."

"그러까? 아녀, 그리도 저것들이라도 있어야제."

이랬다저랬다 하는 엄마. 그리고 며칠 후 또 전화가 왔다. 이번에는 개들이 들으면 기분 나빠한다고 목소리를 낮춰 조심스럽게 속삭인다.

"야, 나 개 팔기로 결심했다."

"잘했네."

"개장시들이 보드니 환장을 허드라. 그러지. 우리 개들이야 사료 안 멕이고 내가 생선 뼈다구 얻어다가 좁쌀허고 같이 끓여 멕이고 마당에서 풀어 키웠응게 얼매나 맛있겠냐?"

"보신탕집에 팔기로 한 거야?"

"똥개 팔자가 그러지, 그믄 꽃방석에 앉혀서 시집 보낸다냐?"

"그래도 좀 안됐다."

"아이고, 좀 안됐어도 팔아버려야지 나 죽겠다."

"그래 엄니, 잘 생각헸어."

그렇게 통화를 한 후 또 잊고 지내는데 어느 날 밤. 전화벨이 울려서 받으니 말소리는 안 나고 계속 흐느끼는 소리만 난다.

"여보세요? 대체 누구세요?"

"나, 나여 엄마여…."

"엄마, 왜 그래? 왜 울어?"

"오… 오늘 개 팔았다."

"응, 그래서 서운해서 그러는 구나?"

"그것보다도…."

"그럼 왜?"

"개를 다 팔믄 허전히서 안 되겄드라, 그리서 한 마리는 냄겨놓고 두 마리는 20만 원씩 받고 팔았다. 그리고 젤로 좋은 놈 한 마리는…. 아이고… 흑흑흑…."

"엄마 울지만 말고 말을 해봐, 그 한 마리가 왜?"

"송 서방 생각이 나더란 말이다. 장모라고 뭐 히준 것도 없고…. 넘들이 다 우리 개 좋다고, 이런 개는 먹으믄 약 되겄다고 그리쌌고…. 요새는 개고기도 다 중국서 들어온게 못 믿는디 우리 개는 내가 직접 키운 신토불이 아녀."

"송 서방 개고기 안 먹어."

"그리도 개소주는 먹을 것 아니냐? 그리서 내가 에따 큰맘먹고 이 개로 우리 사우 개소주나 내려줘야 쓰겄다 허고 그 개를 끌고 내가 개소주집을 갔다. 근디… 흑흑흑."

"개가 안 갈려고 해서 속상했어?"

"아녀, 내가 쥐포 사멕임서 살살 꼬신게 어디까지는 가드만. 그 다음에는 그 개소주집에서 와서 끌고 갔어."

"근데 뭐가 문제야."

"다 잡어서 끄실려서 열어 본게 세상에야, 새끼를 다섯 마리나 뱄더란 말이다 흑흑흑."

 그 말을 듣는 순간 나도 가슴이 철렁 하고, 눈물이 났다. 세상에 내 집에서 내가 키우던 개를 개소주집에 데려가는 것도 속상했을 텐데 그 속에 새끼까지 품고 있는 줄 알았을 때는 얼마나 가슴이 아팠을까? 나도 정말 눈물이 핑 도는 걸 참으며 엄마를 위로했다.

 "엄마, 속상해도 어떡해 할 수 없지. 잊어."

 "돈 25만 원이 왔다갔다 허는디 그게 그렇게 쉽게 잊혀지냐?"

 "무슨 돈 25만 원?"

 "요새 강아지 한 마리씩 살라믄 오만 원씩은 헌단 말이다. 내가 몇 달만 참았다가 새끼 내고 개소주를 히도 될 텐디…. 그 몇 달을 못 참고, 아까워 죽겄다."

 정말 너무나 소름끼치도록 솔직한 엄마의 얘기가 나의 말문을 막아버리는 순간이었다. 나는 조금 전의 눈물은 쏙 들어가고, 웃다가 지쳐서 눈물을 흘리고 있었다. 엄마는 내가 웃자 따라 웃으며,

 "너도 아깝쟈? 어찌겄냐 헐 수 없지. 그리서 내가 왜 전화했냐믄 낼 개소주 도착헐 텐게 정성껏 잘 먹여라. 그 개소주 그냥 개소주 아

니랑게. 개 여섯 마리 잡은 개소주여."

그날 밤, 나와 남편은 그 얘기를 하며 웃었고, 정말 다음날 개소주는 도착했다. 나는 괜히 찜찜해서 손도 못 대고 있는데 남편이 알아서 냉장고에 잘 보관하더니 때때마다 잘 챙겨 먹었다. 그래서 내가 남편에게 한마디 했다.

"자기 장가 잘 들었지? 세상 어떤 장모가 개 여섯 마리 잡아서 개소주해서 사위먹이냐?"

그랬더니 남편 왈,

"장모가 사위 보약해 주는 게 뭐 사위 이뻐서 그러는 줄 알아? 다 딸 좋으라고 그러는 거지" 이런다 글쎄.

늦기 전에

··· 많이 물어보자.
　　　··· 많이 어리광부리자.
··· 둘만 여행을 가자.
　　　··· 둘만 찜질방에 가자.
··· 둘만 맛있는 거 먹으러 가자.
　　··· 엄마 냄새 많이 맡아보자.
　　　··· 같이 떡집 아줌마 흉 신나게 봐주자.
··· 꽃무늬가 화려하거나 빛깔이 고운 옷을 사주자.

　　그리고 늦기 전에 많이 안아 보자.

아버지의 제사상

친정아버지가 돌아가신 지 6년째.

희한하다는 담도암이라는 진단을 받은 지 딱 3개월 만에 돌아가셨다. 아버지는 부잣집 8남매의 막내아들로 태어나셔서 어려울 것 없이 잘 자라셨단다.

그 당시 원하는 건 다 누리며 살던 부잣집 막내아들. 공부는 죽어라 하기 싫어서 가방 들고 나가서는 가라는 학교에는 안 가고 뒷산에 가서 머슴을 시켜 먹을 것을 훔쳐오라고 해 그걸 먹으며 놀았단다. 할머니가 그걸 알고 쫓아오셨을 때는 뱀을 잡아서 할머니에게 던지는 철없는 아들이었단다.

그렇게 학교에 가기 싫고 공부가 하기 싫었으니 어쩌랴. 결국 중

학교를 다니다가 중간에 그만 두셨다. 그렇게 어려움이나 절박함 없이 흥청망청 사시던 아버지가 집은 잘사니 근동에서 제일 얌전하다는 우리 엄마를 만나 결혼을 하셨다.

처음에는 할머니와 큰아버지네 가족들과 다 같이 사셨지만 몇 년 후 분가를 하셨고, 그때부터는 아버지의 책임이었으니 그 책임감 때문에 살기가 힘드셨으리라.

그러나 아버지는 군대에서 배운 운전으로 버스기사가 되어 열심히 사셨고, 엄마도 그런 아버지를 잘 돕는 억척스럽고 솜씨 좋은 분이셨다. 아버지는 가끔 엄마를 때리기는 하셨지만 우리에게는 더없이 좋은 분이셨고 엄마와의 금실도 좋은 편이었던 것 같다.

어렸을 때를 추억하면 늘 먹을 것을 앞에 두고 웃었던 기억들이다. 아버지와 엄마는 자식 잘 먹여서 건강하게 키우는 것이 제일 큰 행복이라며 늘 우리 간식거리를 아끼지 않고 대셨다. 감자를 삶아도 한 바구니, 전을 부쳐내도 한 소쿠리, 과일을 사도 한 무더기씩 사서 빨간 고무통에 물 받아서 둥둥 띄워놓고 늘 우리가 오다가다 집어먹을 수 있게 해주셨다.

별로 부유하진 않았지만 자식 욕심은 남달랐던 부모님 덕에 비

닐구두일망정 빨간 구두를 신고 학교에 다닐 수 있었고, 늘 좋은 반찬이 든 도시락을 들고 학교에 다녔으며, 그때 처음으로 나오기 시작한 야쿠르트라는 것도 우리는 배달시켜서 먹기도 했다.

우리가 '아빠' 하고 부르면 늘 '어이' 하며 다정하게 대답해 주시던 아버지. 그런 아버지가 6년 전 돌아가셨고 친정엄마는 한동안 마음을 못 잡으셔서 우리를 가슴 아프게 하기도 했다.

나도 아버지가 돌아가신 것도 슬펐지만 문득문득 자다가 일어나면 '우리 엄마는 지금 혼자 주무시겠구나, 휘휘거려서 어떻게 주무시나' 하는 생각에 숨죽여 울곤 했었다.

아버지가 돌아가시고 혼자되신 엄마를 위해서라도 자주 가야 했지만 나는 아버지가 안 계신 집에 가기가 싫어서 오히려 더 안 가고 그랬다. 아버지가 안 계신 친정집은 정말 허전했고, 어디를 돌아봐도 아버지의 흔적이었고 아버지가 서 계신 것 같아서.

내가 그럴 때 친정엄마는 오죽했을까? 35년을 같이 산 배우자인데…. 6년이 지난 지금은 친정엄마나 우리 남매들이나 많이 덤덤해진 편이다.

아버지 제사 때는 종종 눈물을 못 참고 울기도 하지만 워낙 낙천적이고 속이 깊으신 엄마가 씩씩한 모습으로 "복도 없는 양반, 나는 인자부터 호강인디 당신은 고생만 뒈지게 허다가 가버렸네. 어쩌겄어. 당신 복이 거그까진디. 내가 당신 몫까지 자식들 효도받고 호강허고, 다음에 만나믄 얘기히주께" 이러시며 우리들 기분과 집안 분위기를 띄우신다. 우리도 깔깔대며 웃기는 해도 엄마 속 다 아는데.

지난해는 음력으로 제삿날을 따져보니 5월 7일이었다. 어버이날 전날. 해마다 아버지의 기일에는 우리 가족들이 다 같이 갔었지만 지난해는 그렇게 하기가 힘들었다. 내려가면 그날 갔다가 그날 오기는 힘들텐데 그 다음날이 어버이날이다 보니 친정아버지 기일이라고 아들, 손주들을 다 끌고 친정으로 가버리기에는 너무 시어른들께 죄송했기 때문이다.

그렇다고 딸인 나까지 안 갈 수가 없고. 그래서 남편과 나는 상의를 했다. '돌아가신 아버지 제사 지낸다고 살아계신 부모 섭섭하게 하면 되겠냐' 라는 결론으로 시어른들께 미리 말씀을 드리고 저녁 식사도 미리 함께한 후 나만 혼자 친정에 다녀오게 되었다.

엄마에게는 미리 전화를 해서 나만 가게 되었다는 얘기를 해둔 상태였다. 제삿날, 도착해 보니 엄마는 제사음식은 장만도 안 하고

그저 슬슬 놀면서 우리에게 주실 먹거리만 준비하고 계신 것 아닌가.

엄마가 성당에 오래 전부터 다니셨기에 우리집은 원래 제사를 제대로 격식을 갖춰서 지내는 집은 아니었다. 그저 간소하게 차려놓고, 엄마는 기도하시고 우리는 절하는 식이었고, 음식도 그냥 아버지가 살아생전 좋아하시던 음식 몇 가지와 나물과 전, 과일, 생선과 고기산적 정도였다.

그런데 이번에는 그 간소한 음식마저도 준비를 안 하고 계시는 거였다.

"엄마, 제사음식 안 해?"

"누가 먹는다고 허냐? 그냥 간소허게 지내자."

"아무리 간소해도 그렇지, 기본적으로 몇 가지 해야 되는 게 있잖아."

"야, 사실은 송 서방이 해마다 온게 내가 송 서방 보기 그리서 전 부치고 몇 가지 했다만 요새 누가 그런 거 먹냐? 올해는 송 서방도 안 오고 헌게 쓰잘데기 없는 거 만드느라 고생허지 말고 편허고 간소허게 지내자."

나는 뭘 모르니 엄마가 그렇게 하자고 하니 그런가 보다 했다.

저녁 때가 되자 각지에 흩어져있던 동생들이 모이고 조용하기만 하던 우리 친정집은 오랜만에 활기가 넘쳤다. 정말 오붓하게 진짜 우리 가족만 모였다. 아버지만 빠지신 거였지, 결혼 전 내가 우리 식구라고 불렀던 엄마와 남동생들, 처녀 적 그 기분 그대로였다. 동생들도 그런 것 같았다. 진짜 아버지만 거기에 계셨더라면 결혼 전 내 가족, 우리 식구가 모두 다, 오붓하게 모인 자리였다.

모두들 그런 생각이 들었는지 조금은 마음이 울적해졌고 눈시울이 붉어지기도 했다. 그때 또 엄마가 말문을 여신다.

"너그 아버지만 안 죽고 이 자리에 있으믄 내가 제일 행복했던 때네. 나는 너그들 키울 때가 젤로 행복했거든, 인자 너그들 뿔뿔이 떨어져 나가버린게 벨 재미가 없다."

그렇게 오붓하게 맞이한 아버지의 제사. 아무리 보는 사람 없다지만 너무 제사음식을 준비를 안 한 것 같아서 걱정스러웠는데 엄마는 계속 괜찮다고만 하셨다.

밤 10시쯤 제사상을 차리는데 어째 이상한 것들이 올라오기 시작한다. 우리 시댁 제사지내러 가서 보면 '아, 이런 것이 제사음식이구나' 싶은 것들이 올라와 있던데 우리집 상에는 영….

밤, 대추, 곶감, 그리고 나물 몇 가지. 이런 건 제사음식 같은데 그 다음에는 멜론이 올라오고, 조기 매운탕이 한 냄비 올라온다. 내가 놀라서 이게 뭐냐고 하자, 엄마는 니 아버지가 젤로 좋아허든 매운탕이란다. 아니 홍동백서니, 뭐 이런 걸 굳이 따져서 하자는 것도 아니지만 어떻게 제사상에 조기 매운탕이 올라온단 말인가?

우리는 황당했지만 하도 엄마가 당당하게 그러기에 아무 소리 못하고 있었다. 그렇게 제사상인지 생일상인지 모르게 한 상 잘 차려놓고 제사를 지내기 시작하는데 엄마가 먼저 기도를 하고 우리에게 전하고 싶으면 전을 히리고 하셨다.

우리도 절을 하고 조금 울적한 기분으로 앉아서 말없이 제사상을 바라보고 있는데 아니, 아무리 생각해도 너무 웃기는 거다. 아무리 돌아가신 분이 좋아하는 음식이라고는 하지만 제사상에 조기매운탕이라니.

그런데 계속 괜찮다며 사위가 어려워서 사위 올 때는 좀 격식을 차렸지만 우리끼리니 우리 좋을 대로 하자던 엄마가 당신이 봐도 그게 좀 이상했는지 우리를 보고 히죽 웃으시더니 "넘들이 보믄 생일상인 줄 알겄네" 해서 우리가 까르르 웃었다.

그랬더니 엄마가 제사상을 향해 살아계신 아버지에게 하듯 외치신다.

"아따, 매운탕 맛있겄네. 여보, 많이 드쇼. 아, 사실 죽어도 부모 덕 살아도 부모 덕이라고 먹도 안 헐 것 히놓고 절만 허믄 뭣 헐 것이요. 맛난 거 히서 새끼들이랑 먹는 것이 낫제. 안 그려? 내 생각이 그리서 이렇게 상을 차린 것인게 그런 줄 아쇼잉."

우리가 그 말을 듣고 깔깔대고 웃자 엄마는 우리를 보며
"내 말이 옳냐, 틀리냐?"
"맞어 맞어, 엄마 말이 맞어. 우리 엄마 되게 똑똑해."
"아따, 나 말 잘헌당게, 내가 좀 배우기만 했으믄 강금실 저리가란디."

세상에, 텔레비전이 우리 엄마를 이렇게 유식하게 만들었나? 우리 엄마가 강금실을 다 아신다.

하늘나라에 계신 아버지에게

아버지.

정말 오랜만에 불러보네요. 아버지가 돌아가시고 나니 나는 세상에 아버지라고 부를 사람이 없답니다.

딸은 보낼 사람이니 데리고 있을 때 잘해줘야 한다며 철철이 내 손잡고 다니시며 구두 사주시고, 다른 친구들 종이인형 갖고 놀 때 나는 노랑머리 플라스틱 인형 사주셨죠? 나, 그 인형값 지금도 생각나요. 내가 일곱 살 정도일 땐데 그때 아버지가 800원 주고 사주셨어요. 그 인형 때문에 나 동네에서 인기 캡이었잖아.

아버지, 아버지는 왜 그렇게 빨리 갔어요? 조금만 더 우리 곁에 있지. 아버지가 안 계시니 엄마가 너무 초라하고 불쌍해 죽겠어요. 자식들이라고 있어봤자 다 지들 살기 바쁘고 엄마는 늘 외롭고 힘들어요.

그래도 엄마는 우리에게 내색 안 해요. 앨범을 꺼내놓고 우리 자랄 때 모습을 보며 얘기해 주길 좋아하던 엄마였는데 아버지 돌아가신 후로는 한 번도 앨범을 꺼내서 보질 않으시네요. 엄마의 청춘과 추억과 행복이 들어 있다던 그 앨범은 이제 아버지에 대한 기억만 가득 한가 봐요.

어느 날, 엄마가 방앗간에 고춧가루를 찧으러 갔대요. 그래서 순서를 기다리고 있는데 먼저 빻은 아주머니가 가시려는데 나이 지긋한 남편이 와서 그 빻은 고춧가루를 자전거에 싣고 그 아주머니를 모시고 가더래요. 그 모습을 보면서 엄마는 '나도 우리 남편 있을 때는 저랬는데' 하는 생각을 하며 가슴이 미어졌고 다 빻은 고춧가루를 머리에 이고 혼자 집에 돌아오시면서 하염없이 우셨다고 해요.

나도 그래요. 누가 친정부모랑 여행 갔다왔다고 하면 부럽고, '우리 아버지가'라는 소리 들으면 울컥해요. 아버지에게 아무것도 바라지 않으니 아버지가 옆에 계시기만 해도 좋을 거 같은데…. 그냥 우리가 부르면 대답만 해주셨으면 좋겠는데. 왜 돌아가시면 대답도 없고, 다시 볼 수도 없는지….

아버지가 돌아가시고 나니 아버지 목소리가 너무 듣고 싶어요. 내가 전화를 하면 늘 "오냐, 우리딸" 그랬었는데. 우리가 밥상 앞에 앉으면 "많이 먹소, 내 새끼들" 그러던 아버지인데. 우리가 상장을 받아오면 "나 닮아서 똑똑하냐"고 했었는데. 시댁에서 반대하는 결혼 하는 딸에게 "아빠가 못나서 미안하다"고 한 아버지인데.

결혼식 날, 신부화장을 하고 나타난 내게 "우리딸 이쁘네, 오늘은 울지 말고 이쁘게 사진 찍어라, 사진은 평생 남으니" 해놓고 벌써 눈이 붉게 물들어 있던 아버지인데.

아버지, 목소리 좀 한 번 들어봤으면…. 가끔 아버지의 꿈을 꾸는데 아버지는 늘 웃고만 있지 말을 안 하세요. 왜 그래요? 아버지. 하늘나라에 전화가 있다면 어떻게든 걸어서 아버지의 그 "오냐, 우리딸" 이 소리 한 번, 딱 한 번만 듣고 싶은데.

아버지, 아버지 딸 잘살고 있어요.

가끔 힘이 들어도 아버지가 하늘나라에서 나를 지켜보며 도와줄 거라 생각하며 하늘 한 번 보고 씩 웃고 힘을 내요. 아버지도 보셔서 알죠? 아버지, 못난 딸 이제야 조금 철이 들어 부모님의 소중함을 알겠네요. 아버지 계실 때 좀 더 잘해 드리지 못한 거 죄송해요.

아버지가 늘 끔찍이도 아꼈던 우리 남매들 늘 지켜보고 도와주세요.

아버지, 보고 싶어요.

모지래기 엄마의 이모 생각

내 고향은 정읍 시내지만 우리 엄마의 고향은 정읍에서도 더 들어간 고창군 흥덕, 흥덕에서도 더 들어간 안율리 개비골이다.

옛날에 그 마을에 살던 개가 주인을 구하고 죽었다고 해서 붙여진 동네이름 개비골. 하지만 시골사람들은 부르기 좋게 나오는 대로 부르다 보니 개비골을 '개붓굴 개붓굴'이라고 불렀다. 그래서 난 어렸을 때 엄마의 고향은 개붓골인 줄로만 알았는데 나중에 알고 보니 정확한 명칭은 개비골이었다.

엄마는 개비골에서 지지리도 가난한 집의 5남매 중 셋째딸로 태어났다. 맨 위와 맨 마지막으로 아들이었고 가운데 셋은 딸들이었는데 집은 가난해도 5남매의 우애는 남달리 좋았단다.

옛날에는 그런 집이 많았듯이 외가에서도 어려운 살림 때문에 아들들만 공부를 시켰고 딸들은 그저 일꾼 취급이었나 보다. 그래서 이모들과 엄마는 더듬거리며 한글을 읽었고 학문과 지식이라는 것은 거의 모르고 사셨던 것 같다.

하지만 타고난 낙천성과 인정 많은 성격은 누구나 칭찬을 했었다. 제일 인물도 좋고 똑똑했던 큰 이모는 못 배웠어도 머리가 좋고 배짱이 좋아서 이모부를 내조해 사업에 크게 성공하셨고, 인정많고 성격 좋은 작은 이모는 결혼해서 일찍 서울에 와서 터를 잡아 시골에서 올라오는 친정 식구들을 다 건사했었다.

나도 서울에서 대학을 다녔기에 이모의 신세를 많이 졌다. 큰이모네 남매들이나 우리 남매들이나 학교 때문이건 취직 때문이건 서울에 오게 되면 누구나 처음에는 다 작은이모네 신세를 졌다. 그래서 우리 외사촌들은 작은이모를 엄마처럼 생각하고 좋아했으며, 작은 이모의 고마움을 잊지 못한다.

그런 엄마의 형제들이 큰외삼촌과 큰이모는 명을 못 타고 나셨던지 일찍 돌아가셨고, 작은이모와 엄마, 막내삼촌만 살아계셨는데 남자 형제야 만나야 반가운 거고, 정말 살가운 정을 느끼며 살았던 건 작은이모와 엄마, 이 나이든 자매였던 것이다.

작은이모와 엄마는 너무나 친하게 잘 지내셨다. 서울 아현동에 사시는 이모와 정읍에 사시는 엄마는 하루에 한두 번씩 전화통화를 하며, 남편에게 자식에게 하지 못했던 하소연도 하고, 동네에 떠도는 얘기도 서로 하시고…. 옛날에 먹었던 무엇이 먹고 싶다고 하시면 엄마는 어떻게든 그걸 구해서 서울로 부치시고, 이모는 조금만 새롭고 좋다 싶은 것이 있으면 서울에서 그걸 사서 정읍으로 보내시고….

그렇게 의지하며 사시던 두 자매. 6년 전 아버지가 돌아가시고 엄마는 더욱 더 이모를 의지했고 이모도 혼자 된 여동생이 안타까워 더 잘 챙기셨다.

자식들이라고 있어봐야 모두들 저 살기 바쁘다며 엄마의 깊은 속마음을 헤아리려고나 했을까? 같이 40년 가까이 살아온 배우자를 잃은 그 슬픔과 공허함을 못 견뎌서 밤마다 우시며 전화통을 붙들고 하루 빨리 아버지 곁으로 가시고 싶다는 엄마에게 나는 신경질만 부렸고, 끊고 나선 한없이 한없이 울었던 기억이 있다. 왜 그때 좀더 따뜻하게 엄마를 대하지 못했을까? 마음은 그게 아니었는데, 왜 그때 한 번이라도 더 정읍에 내려가서 엄마를 위로하지 못했을까? 못된 딸년 같으니라구.

그래서 엄마는 이모에게 더 속을 털어놨고 이모를 더 의지하며 살았나 보다. 그런 이모의 힘으로 엄마는 조금씩 기운을 차리셨고 아버지가 돌아가시고 1년쯤 후에는 겉보기에는 거의 정상으로 돌아오셨다.

그러나 안도도 잠시, 엄마에게 청천벽력 같은 일이 생긴 것이다. 평소 고혈압과 심장병으로 불편해 하시던 이모가 병원에 가서서 진찰을 받다가 갑자기 돌아가신 것이다.

며칠 전부터 몸이 안 좋았으나 가족들이 걱정할까 봐 말씀을 안 하시고 엄마와 통화만 하셨던 이모. 엄마는 그러다 죽으면 어쩔 거냐며 병원에 가보라고 했고 이모는 그날 아침 '나 지금 병원에 간다' 라고 엄마에게 전화를 하시고 서대문에 있는 적십자병원에 가서 진찰을 받으시던 중 뒤로 쓰러져 그 길로 가셨다.

이미 병원에 가셨을 땐 손을 쓸 수 없을 정도로 심각한 상태였단다. 그 지경이 되도록 자식들에게 알리지 않고 참아온 우리 이모. 그래서 그렇게 갑자기 돌아가시니 서울살이를 시작하며 이모 신세를 졌던 우리 외가식구들의 서운함과 충격은 이루 말할 수가 없었다.

마지막 작별인사도 못하고 그렇게 갑자기 가버린 이모.

우리는 갑자기 소식을 듣고 적십자병원 영안실에 가서 모두들 믿을 수 없다며 통곡했고, 나중에 어느 정도 정신이 들었을 때는 이모와 엄마의 우애를 아는 모든 외가식구들이 엄마를 걱정하며 어떻게 이 사실을 엄마에게 알리냐가 화두로 떠올랐다.

딸인 나는 정말 막막했다. 아버지 돌아가시고 1년이 지난 이제야 겨우 엄마가 기운을 차리셨는데, 자식보다도 더 의지하며 살았던 언니를 잃은 엄마의 슬픔을 짐작할 수 있었기에 어떻게 이 소식을 전해야 할지 난감하기만 했다. 하지만 피할 수 없는 일. 나는 용기를 내어 엄마에게 전화를 했다.

"엄마, 놀라지마. 응? 엄마한테는 우리가 있잖아."

"뭔 일이간디 그려?"

"엄마, 엄마도 혈압 있잖아. 절대 놀라면 안 돼 응."

"오메, 속터져. 아가, 뭔일인지 얼릉 말 조께 히봐라."

"엄마, 이모가… 이모가 오늘 돌아가셨어."

"……"

"엄마, 엄마."

"아이고 어쩌, 언니. 이게 뭔 소리여."

밤 기차를 타고 12시가 다 되어 병원에 도착하신 엄마. 예상했던 대로였다. 오시면서 열차 안에서 얼마나 우셨는지 두 눈은 퉁퉁 부어 눈을 뜨지 못할 정도였고, 얼마나 꺼이꺼이 우셨는지 숨도 제대로 못 쉬며 장님이 문고리를 찾듯 두 팔을 휘저으며 영안실로 들어섰다.

"언니— 언니, 어딨능가? 우리 언니 어딨능가."

내가 얼른 엄마를 잡고 이모의 영정이 있는 곳으로 모시고 갔다. 엄마는 너무 울어서 잘 떠지지도 않는 눈으로 이모의 영정 사진을 보시더니 바로 엎드려서 통곡을 하신다.

"아이고 어쩌, 우리 언니 진짜 죽었네. 아이고 이 일을 어쩌."

너무나 슬피 통곡하는 엄마의 뒤에 우리들은 모두 주저앉아 때는 이때다 싶어 다들 더 목놓아 울었다. 그 이모는 우리에게 예사 이모가 아니었으니까. 엄마 떠나 서울생활 처음 하는 우리에게 엄마나 마찬가지였으니까.

큰이모네 언니들이랑 우리 남매들 그리고 상주인 작은이모네 가족들이 갑작스런 이모의 죽음을 애통하고 절통해하며 다들 슬피 울었다. 그 중에서 제일 슬픈 건 우리 엄마였고, 모두 그 슬픔을 공감했기에 흐르는 눈물을 주체 못하고 분하고 약올라서 펄펄 뛰기도 하고, 발을 동동 구르기도 하며 울었다.

　정말 너무 슬프니 '아이고, 아이고' 소리가 절로 나는 순간이었다. 그런데 그렇게 슬피 울던 사람들이 언제부턴지 분위기가 쫙 가라앉으며 주위의 눈치를 살피느라 고개는 숙인 채 눈동자들을 굴리고 있었다. 나와 눈이 마주친 이종사촌언니가 눈짓으로 서럽게 울고 있는 엄마를 가리킨다. 나는 울면서 가만히 엄마를 살피며 엄마의 곡소리에 귀를 기울였는데 세상에…. 엄마가 그냥 슬피 우시는 게 아니라 뭐라고 떠들며 곡을 하시는 기다.

　그 소리를 자세히 들어보니

　"아이고, 아이고~ 오오~, 5남매 중에 젤로 똑똑허고 오~오~ 좋은 양반들은 다 가 버리고~오~오~ 젤로 모지래기~이~이이~ 둘만 남었네. 아이고~오오~ 아이고오오~ 5남매 중에 젤로 똑똑허고…."

　엄마는 우시며 계속 같은 말을 반복하고 계셨다. 그깃도 노래를 하시듯 리듬을 타면서 래퍼가 랩을 하듯. 엄마 뒤에서 서럽게 울던 우리들의 귀에 차츰 그 소리가 들리기 시작했고, 엄마의 래퍼 같은

종달새
엄마의 이모 생각

곡소리에 모두들 울다가 웃음이 나는지 고개를 숙인 채 서로 눈치만 보느라 못 웃고 입술만 깨물고 있었는데 그때 엄마의 바로 뒤에서 작은 누나의 죽음을 슬퍼하던 나이 쉰이 넘은 막내 외삼촌이 조카들도 많은데 막내 누나의 그 곡소리가 거슬렸던가 보다. 고개를 들어 우리를 한 번 쓱 보더니, 슬피 우시는 엄마의 옆구리를 찌른다.

"누나, 내가 왜 모지래기여? 나 모지래기 아녀."

자신의 슬픔에 취해 아무도 안 보이고 그저 슬피 울기만 하던 엄마, 누가 옆구리를 찔러서 보니 5남매 중에 엄마 말고는 이제 하나밖에 안 남은 남동생이 아닌가.

엄마는 너무 울어서 짓물러진 눈을 겨우 뜨고 삼촌을 확인한 후 갑자기 외삼촌을 끌어안더니만 다른 리듬을 타 또 다른 랩을 하신다.

"아이고오오~, 내 동생 거그 있었는가? 아이고 인자 피붙이라고는 너 하나네. 똑똑헌 양반들은 다 가고 젤로 모지래기 둘…. (곡소리 멈추고 깜박했던 사실을 상기한 듯) 아, 너는 대학교꺼정 나왔제? 나만 못 배웠제, 그려 미안허다. (다시 랩 하듯 곡하며) 아이고 나만 모지래기여 그려, 너 모지래기 아~녀~, 나만~ 모지래기여 아이고~오, 5남매 중에 젤로 똑똑허고 잘난 양반들은 다 가고 모지래기 하나

허고 대학 나온 놈 하나 허고만 남었네. 아이고~오~."

　그때 그 엄마의 절절한 랩(?)과 그걸 듣고 있는 외삼촌의 표정. 그 어떤 예술품이 그보다 더 조화롭고 환상적이랴. 뒤에서 그 모습을 지켜보던 우리들은 도저히 더 이상은 못 참고 다 웃음보가 터져서 서로 자지러지게 웃고 말았다.

　그 깔깔대는 웃음소리를 듣고 그때서야 뒤에 있던 사람들이 보이기 시작한 엄마는 금세 얼굴이 밝아지며 언제 울었냐는 듯 반가운 얼굴들을 확인하고, 인사하며 손을 잡아주셨다. 그러다가 갑자기 또, "아이고~ 다 있는디 우리 언니만 없네~" 하며 다시 쓰러져 랩과 같은 통곡을 하시는데….

　우리는 그때 다 웃다가 다 부둥켜안고 쓰러져 버렸다. 자신의 분신과도 같은 언니의 죽음 앞에서 그 타고난 순박함 때문에 우리를 웃게 만들어 버리는 우리 엄마. 나는 우리 엄마의 그 순박함이 너무 좋다.

　내가 비록 엄마에게서 기역니은을 배우진 못했지만, 비록 엄마에게서 구구단을 배우진 못했지만 엄마의 따뜻한 마음과 그 순박함이 정말 좋다.

이모 얘기가 나왔으니 이모와 엄마의 순박함에 대한 또 하나의 얘기. 이모가 살아계셨을 때의 얘기다. 결혼하고도 일을 하는 나를 위해 엄마는 김치를 비롯한 갖가지 반찬들을 해서 자주 우리집에 오시거나 택배로 부치셨다. 엄마가 서울에 오실 때는 당연히 이모네 집에도 가시고, 이모가 엄마를 만나기 위해 우리집에도 오시고 그랬는데 우애 좋은 자매는 만나면 서로 잘해주고 싶어서 안달이었다.

세상에서 제일 맛있고 고급요리라고 생각하는 탕수육은 두 분이 기분내실 때 최고의 메뉴였다. 그날도 엄마가 우리집에 오셔서 이모에게 전화를 거셨다.

"언닌가? 나여. 나 서울 왔네. 언니가 올랑가? 내가 가까? 그믄 언니가 오소, 우리 딸한티 탕수육 사달라고 히서 먹게. 아따, 그까짓 거지가 비싸봤자 탕수육이지 별 것이간디. 우리딸 돈 잘 번게 걱정 말고 와. 내가 특자로 시켜 돌라고 헐랑게. 그려, 빨리 오소, 보고잡네."

나는 옆에서 통화하는 소리를 들으며 피식 웃음이 나왔다. 그깟 탕수육이 뭐 그리 대단하다고 딸이 돈 잘 번다는 소리까지 들먹거려 가며….

이모에게는 내게 말해서 탕수육 특자를 시켜준다고 해놓고, 전화를 끊고 나서는 내게 어떻게 말해야 될지를 몰라서 눈치만 슬슬 보는 엄마. 나는 웃음이 났지만 참고, 모른 척하고 있었다.

그랬더니 엄마가 슬쩍

"이모 온다는디."

"그래?"

"밥도 아직 안 먹었는가벼."

"응."

"이모 만난 것 좀 사주믄 좋을 것인디?"

"뭐가 맛있는데?"

"나는 탕수육이 젤로 맛있드라. 이모도 탕수육을 젤로 좋아혀."

"그럼 내가 탕수육 하나 시켜줄까? 특자로?"

"그럴래?"

"아이구, 그게 뭐 그렇게 어렵다고 딸한테 제대로 말도 못해?"

"자식 돈 쓰게 헐랑게 미안히서 그러제."

"괜찮아, 탕수육 말고 더 맛있는 거 먹어. 내가 사주께. 63부페 갈까?"

"아녀아녀, 우리는 탕수육이 젤로 맛있어."

그래서, 난 알았다고 이모가 오시면 탕수육을 시켜주겠다고 하고 내 일을 보고 있었다. 그러다가 갑자기 머리가 너무 지저분한 거 같아서 미장원에 가서 머리를 좀 자르고 올까 하는 생각이 들었다. 그래서 엄마에게 말하고 집 앞에 있는 단골 미장원에 금방 갔다오려는데 엄마는 내가 탕수육을 안 시켜주고 나가는 거 같아서 불안한지 다음에 가면 안 되냐고 그러셨다.

나는 이모가 오시기 전에 금방 돌아올 테니 걱정 말라는 말을 하고 나갔다. 그런데 미장원에 갔더니 머릿결이 너무 상했으니 머리에 영양도 좀 주고 관리를 좀 받으라는 것이다. 그렇게 되면 시간이 좀 걸릴 거고, 그럼 엄마랑 이모는 나를 기다리실 텐데. 그래서 일단 머리카락 관리를 받기 시작하고 엄마에게 전화를 했다.

"이모 오셨어?"

"응, 빨리 안 오냐?"

"나 좀 늦겠네. 머리를 좀 손질해야 될 거 같아. 대신 내가 탕수육 집으로 배달시킬 테니까 엄마랑 이모랑 드셔, 나 기다리지 말고."

"그려, 알았다. 빨리 허고 와라."

그래서 나는 미장원 옆 중국집에서 탕수육을 시키려는데 '노인네들이 다른 요리를 안 먹어 봤으니 세상에서 탕수육이 제일 맛있는 줄 아시지' 그런 생각이 드는 거다. 그래서 다른 음식도 한 번 맛보시라고 중국집에 가서 탕수육과 양장피를 같이 시켜서 우리집으로 배달을 시켰다. 속으로 이모랑 엄마가 맛있게 드실 생각을 하며 나도 흐뭇했다. 그리고 머리관리를 받고 집으로 향했는데. 현관문은 잠그지도 않고 (엄마는 시골에서도 대문을 열어놓고 사시는 분이다) 두 분이 안에서 도란도란 하시는 소리가 들렸다.

'엄마' 하고 들어가니 주방 쪽에서 대답을 하시며 그쪽으로 오란다. 가보니 엄마와 이모가 프라이팬에 뭔가를 볶으시면서 얘기 중이시다.

"아이, 왜간장을 쪼게 더 넣으랑게."

"아녀, 아까 맛소금 넣었는디 간장까지 넣으믄 짜제."

"그리도 간이 좀 쎄야 맛이 있는 것이여."

"다시 먹어보소, 인자 잘 익어서 맛있제."

"(먹어보고) 그려 됐다. 인자 먹자."

나는 그저 두 분이 뭘 하시나 보다 생각만 하고 건성으로 "뭐 해?" 하니 엄마와 이모가 프라이팬을 들고 식탁에 앉으시며 하시는 얘기.

"아야, 너그 동네는 참 써비스가 좋아야."

"써비스?"

"니가 탕수육을 시켜 주었잖냐. 근디 써비스로 뭔 야채를 골고루 썰어서 큰 접시에 한 접시 갖고 왔어야. 근디 고놈의 것이 간이 안되야 갖고 뭔 맛이 있어야제. 그래서 이모랑 나랑 맛소금 조께 치고 맛나게 볶았다."

"엄마 혹시 양장피 볶은 거 아냐?"

"그게 뭣인디?"

맞다. 양장피를 볶은 거였다. 생전 양장피를 안 드셔본 엄마와 이모는 내가 생각한답시고 탕수육이랑 같이 시켜드린 양장피를, 비싼 탕수육을 시키니 서비스로 따라온 야챈 줄 알고 계셨던 거다. 먹어보니 맛도 없고 해서 '무슨 서비스를 이런 맛도 없는 야채를 주나' 욕을 하시며 프라이팬에 양장피를 쏟고 당신들 입맛에 맞게 볶으신 거다. 나는 기가 막혀서 설명을 했다.

'내가 이모랑 엄마 새로운 거 드셔보시라고 시킨 요리고, 그것이 탕수육보다 더 비싼 것이다' 라고.

그랬더니 이모와 엄마는 당신들이 생각하기에도 어이가 없었던지 막 웃으시며 '언제 우리가 이런 거 먹어봤어야제' 하셨다. 근데 그때 엄마가 랩으로 잘 싼 접시를 조심스럽게 가져오시며 내게 그러신다.

"야, 근디 이 노란 멀국은 뭐냐? 색깔이 하도 좋고, 꼭꼭 싸왔길래 중헌 것인가 싶어서 뜯어도 못 봤다."

"어디 봐."

그건 바로 양장피 위에 부어서 비벼먹는 겨자소스였다. 너무 어이없기도 했지만 한편으로는 반성이 많이 되었다. '언제 먹어본 적이 없어서 모른다'는 그 말이 내 자신을 부끄럽게 했다.

우리네 친정엄마들은 그런 것 같다. 모처럼 가서 맛있는 것 먹으러 나가자고 하면 당신은 집에서 먹는 밥이 제일 맛있다며 안 나가시고 허리를 구부리시고 부엌에서 음식을 만들어 딸 앞에 내놓으신다. 그리고는 '봐라, 이렇게 먹으믄 잘먹는디 뭣 헐라고 나가서 돈 쓰냐? 나는 밖에서 먹는 거 하나도 안 맛나더라' 하신다.

우리는 그 말을 진심으로 믿어버리는 것은 아닐까? 여자들에게 가장 맛있는 밥은 맹물에 밥 말아먹어도 남이 해 주는 밥이라는데 엄마도 여자 아닌가. 딸이 돈 쓰는 거 미안해서 그러시는 마음을 우리는 진짜 엄마가 밖에서 먹는 밥을 싫어하신다고 믿고 사는 건 아닌지. 그러다 보니 나처럼 이런 못난 딸 때문에 중국요리는 탕수육이 최곤 줄 알고, 양장피는 서비스로 따라온 생야채라고 알고 볶아 드시는 우리 친정엄마 같은 분이 어디엔가 또 계시지는 않는지.

결혼 10년째, 두 아이를 키우며 살다보니 집에 들어오면 아이들 밥이 제일 걱정이다. 뭘 먹여야 되나? 입맛이 떨어진 것 같은데 뭘 해 먹이면 잘 머을까? 친정엄마도 날 이렇게 키우셨을 텐데 나는 내 아이들의 끼니는 매일 매끼 챙기면서 혼자되신 친정엄마의 끼니는 제대로 걱정해 본 적이 없는 것 같다. 만날 형식적인 말로, '맛있는 거 해 드셔'라고 말만 할 뿐.

우리 엄마에게 해주고 싶은 것

··· 빳빳한 새 돈을 은행에서 찾아서 엄마 손에 착 쥐어주기.

··· 엄마가 걱정할 때 '걱정마 내가 있잖아'라고 자신있게 말하기.

··· 단둘이만 여행가기.

··· 맨날 집에서 먹는 밥이 제일 맛있다는 엄마에게 유명한 맛집으로 모시고 다니며 맛있는 것 먹어보기.

··· 혼자인 엄마에게 허리가 굽었어도 좋고, 휠체어가 반박에 앉는 대머리 할아버지라도 좋으니 건강하게 같이 손잡고 등산하고 얘기 친구 할 수 있는 남자친구 만들어 주기.

··· 글 쓰는 작업이 천형이라고 생각하는 엄마에게 나는 지금 행복하다고 말하기.

··· 못 배운 부모여서 제대로 자식 뒷바라지 못해서 늘 미안하다는 엄마에게 '우리 엄마여서 고맙다'고 말하기.

… 글을 잘 못 읽는 엄마에게 또박또박 성경책 읽어주기.

… 엄마 생일날 돈 봉투를 내밀며 생색내기보다는 내 손으로 끓인 미역국으로 생일상 차려주기.

… 뒤에서 엄마를 안으며 엄마냄새 맡기.

… 날 낳아줘서 고맙다고 말하기.

… 엄마 앞에서는 늘 웃어주기.

… 엄마 앞에서 철없이 굴어 엄마를 잔소리꾼 만들어 주기.

… 가끔 갑자기 찾아가서 놀래켜 주고 하룻밤 같이 자고 오기.

… 엄마가 담근 김치 아니면 밥을 못 먹겠다고 투정부리기.

… 같이 성당에 가서 기도하기.

… 사랑한다고, 엄마를 사랑한다고 말하기.

주민여러분 63빌딩에 가여요

엄마가 서울에 오신 때다.

두런두런 이런저런 얘기를 하다가 내가 요즘은 무슨 재미로 사냐고 물으니 이것저것을 얘기하시던 중, 한 달에 만 원씩 63빌딩 계를 붓고 있단다. 그게 뭐냐고 하니, 동네여자들끼리 한 달에 만 원씩 곗돈을 내서 그걸 모아 일 년 후에 버스를 전세 내어 63빌딩 구경을 오는 거라고 했다.

원래 동네 송아지는 다 커도 송아지고, 인자(仁者)는 고향에서 못 알아본다고, 나는 63빌딩 근처에 살고 63빌딩도 자주 가니까 별로 대수롭지 않게 생각했는데, 시골양반들한테는 63빌딩 한 번 놀러오는 것이 작은 꿈이었나 보다. 엄마도 그곳에 한 번 가보기 위해 계까지 붓고 있다니 미안한 마음이 들었다.

그래서 말 나온 김에 가자며 엄마를 모시고 63빌딩에 갔다. 엄마는 몇 달 후에나 구경하게 될 줄 알았던 63빌딩을 내가 구경시켜 준다니 너무나 좋아하시며 따라나서셨다.

과연 63빌딩 앞에 가서 그 높은 빌딩을 올려다보시던 엄마는 너무너무 놀라며 좋아하셨다. 그러면서 마음이 급해지셔서는 어서 들어가야 해지기 전에 다 구경하고 나올 수 있는 거 아니냐며 서두르셨다. 아이처럼 들뜬 엄마의 모습에 나는 흐뭇하기도 하고 미안하기도 해서 다정하게 설명을 하며 구경거리를 찾아다녔다.

우리는 먼저 수족관을 구경하고, 다음은 아이맥스 영화관엘 가고, 다음은 전망대로 올라가 서울시내를 구경했다. 그리고 식당가에 가서 식사를 하는데 엄마가 너무 흥분을 하셔서는 식사도 먹는 둥 마는 둥 하시며 밥은 만날 먹으니 나가서 구경이나 더 하자는 것이다.

그래서 나는 63빌딩에서 볼 건 다 봤다, 이제는 더 없다고 했다. 엄마는 믿지 못하는 표정이었지만 나는 사실이라고 했다. 정말 63빌딩은 그 세 가지 외에는 볼거리가 없는 곳이니까. 그리고 집에 가려는데 엄마가 내게 정말 이게 다냐고 물으셔서 정말 이게 다라고 했

다. 그런데 엄마는 도저히 그 말을 못 믿으시겠는지 왜 63층이나 되는 이 큰 건물에 볼 것이 고작 이거밖에 없냐는 것이다.

나는, 원래 그렇다, 우리가 본 거 외에는 볼 거 없고, 나머지는 다 사무실이다라고 얘기를 했다. 내가 진지하게 얘기를 하니 엄마도 수긍을 하시며 서운한 듯한 표정으로 나를 따라오셨다.

나를 따라나오시던 엄마는 아무래도 영 찜찜하고 나를 못 믿으시겠던지 갑자기 경비 아저씨를 붙잡고는,

"아자씨, 솔직히 말혀 주쇼. 63빌딩이 볼 것보다 사무실이 더 많어요? 근디 왜 놀러 오라고 선전허요? 나는 벨 것이나 있는지 알았네."

너무나 실망했다는 듯 그 경비 아저씨를 붙잡고 하소연을 하시던 엄마. 한 달에 한 번 계 붓는 얘기며, 딸이랑 63빌딩을 구경왔는데 세 군데 도니 볼 게 없어서 서운하다는 둥…. 그렇게 엄마의 63빌딩

구경은 기대 이하로 끝났다. 그리고 엄마는 시골에 내려가서 그 계를 깨버렸단다.

63빌딩 가봤자 먹지도 못할 물고기만 구경시켜 주고, 영화 한 편에, 전망대 가서 망원경으로 서울 구경하는 것이 전부라고 말하면서 63빌딩에 대한 시골 아낙네들의 환상을 확 깨버린 거다.

그 후, 63뷔페에 식사를 하러 갈 일이 있어서 가려는데 한 번 63빌딩에 실망한 엄마가 당신은 죽어도 안 가시겠다고 하신다. 우리가 억지로 모시고 갔는데 엄마는 거기서는 또 상당히 만족을 하셨나 보다. 식사를 마치고 나오시면서 하시는 말씀이,

"볼 것도 없는 디가 음식은 맛있고 먹을 것도 많네" 하셨다.

엄마 땜에 못살아

···누가 파김치 먹고 싶댔어?

···누가 쑥떡 먹고 싶댔어?

···누가 한여름 더운 날, 가만히 앉아 있어도 땀이 뻘뻘 나는 날 팥죽 먹고 싶댔어?

···누가 엄마보고 우리집 이불빨래 걱정하랬어?

···누가 엄마보고 우리집 냉장고 청소하랬어?

···누가 엄마보고 대청소하래?

···왜 올 때마다 커튼은 다 뜯고 베갯닛은 다 들쑤셔놔?

···내가 엄마 땜에 못살아.

···엄마 땜에 속상해서 못살아.

… 엄마 땜에 눈물나서 못살아.

… 엄마는 "나 있을 때나 네가 해주마,

　　나 죽고 나면 니가 해라" 하지만 이렇게 다 해주다가

엄마 없으면 난 어쩌라고, 엄마 생각나서…,

엄마 고생만 시키다가 가신 거 같아 가슴 아프면 어쩌라고…

　　　불러도 불러도 대답도 안할 거면서….

… 한 번만 다시 와서 해달라고 해도 들은 척도 안할 거면서….

　　　엄마 땜에 못살아, 진짜 속상해서 못살아.

딸바라기꽃 에미의 마음

한 10년 전쯤이다. 난 그 당시 참 잘나간다는 프로그램을 하고 있었다. 원래 코미디 공채작가 출신인 나는 그새 주로 코미디를 썼고 MBC에서 '그래, 결심했어'라는 유행어를 낳은 〈일요일 일요일밤에〉의 'TV 인생극장'을 썼고, 바로 KBS로 넘어오면서 〈금촌댁네 사람들〉이라는 농촌 시트콤을 썼다.

그때는 젊은 작가가 참 잘나간다는 소리를 들었다. 그러니 제법 돈도 잘 벌었고, 돈으로 할 수 있는 효도는 좀 했었던 것 같다. 주변의 친구나 친지들도 나를 참 자랑스러워했다.

그런데 유독 엄마는 내가 쓴 작품에 대한 평이 없는 거다. 다른 사람들은 형식적이든 아니든 '재미있더라' 또는 '잘 봤다'라고 애기를 해주는데 엄마는 그런 말씀이 일절 없으셨다. 내가 전화해서 재미있었냐고 물으면 그저 마지못해 '응' 한마디면 끝이었다.

그러다가 휴가 때 우연히 시골집에서 내가 쓴 프로그램을 보게 되었다. 시골동네다 보니 저녁을 먹고 나면 한 집으로 사람들이 몰리기 마련이고, 늘 인심 좋은 우리집이 동네 사랑방이 되곤 했었다.

그날도 동네분들이 몇 분 모이셨고, 다들 이집 딸이 쓰는 것 보자며 TV 앞에 앉으셨다. 나는 조금 쑥스러워서 자리를 피하려고 하는데 한 아주머니가 그러셨다.

"아니 왜 이집 식구들은 이렇게 이 프로를 싫어혀? 자네 엄마도 생전 안 보는디, 자네도 안 보는가?" 하셨다.

그래서 나는,

"저는 제가 써서 어떤 내용인지 다 알아서요. 근데 우리 엄마도 안 봐요?" 하니 안 본다는 것이다.

그래서 내가 밖에 계신 엄마를 불렀다. 그리고 왜 내가 쓰는 걸 안 보냐고 물으니 엄마가 아무 말씀도 없이 안방벽에 기대서서 발끝만 보시면서 몸을 비트시더니 훌쩍훌쩍 하신다. 내가 어이없어서 보고만 있으니 엄마가 다섯 살짜리 꼬마가 투정을 부리듯 고개를 숙인 채 눈물을 흘리며 투덜댄다.

"나는 니가 쓴 것 안 봐, 절대 안 봐."

"왜?"

"보기 싫은게 안 봐, 하나도 안 보고 싶은게 안 봐."

"왜? 왜 안 봐? 왜 안보고 싶어?"

"넘들은… 넘들은 다 재밌다고 웃는디 나는 니가 쓴 것을 보믄 가슴이 찢어지는 것 같어, 우리딸이 저렇게 재밌게 쓸라고 밤에 잠도 안 자고 피를 짜냄서 고생했구나 생각허믄 심장이 떨려서 못 보겄당게. 그리서 안 봐. 안 보고 싶당게."

그랬다. 역시 우리 엄마는 그랬다. 남들이 다 깔깔대며 웃을 때 그 웃음소리가 우리 엄마의 가슴을 쥐어짰나 보다. 그래서 엄마는 제대로 프로그램도 못 보고 밖에서 다른 일을 하는 척 방에서 나는 소리만 듣다가 다 끝나고 나면 그때서야 방으로 들어와서 스크롤(만든 사람들 이름을 올리는 자막)에 나오는 내 이름만 봤단다.

내가 그러지 말라고, 나는 글쓰는 거 하나도 힘들지 않고 즐겁다고 얘기하니 엄마는 말도 안 되는 소리 하지도 말라 하신다. 편지 한 장만 쓰려고 해도 얼마나 힘드는데 저렇게 재미난 얘기를 길게 쓰려면 얼마나 고생을 하겠냐고.

역시 내 생각해주고 내 걱정해주는 건 엄마밖에 없다는 생각이 들어서 나도 눈물이 났다. 내가 결혼 후 여러 작품을 썼는데 그때마다 우리 시어머님은 꼭 전화를 해서 '재미있더라, 수고했다'라고 말씀해 주셨다.

그러나 친정엄마는 지금까지도 한 번도 그런 인사전화를 안 하신다. 그래서 가슴이 아프다. 지금도 엄마는 내가 쓰는 프로그램은 안 보시는 건지….

그런 엄마에게 TV 출연섭외(?)가 들어간 적이 있었다. 우리집안의 전설이 되어버린 이야기. 그리고 출연섭외가 들어왔지만 엄마가 당당히 거절했다는 엄마의 자존심을 세워준 이야기.

그때가 1996년 3월 정도. 내가 〈금촌댁네 사람들〉을 쓸 때의 얘기다. 결혼을 한 후 팀원들이 집들이를 하라고 했지만 허니문 베이비를 가진 나는 집들이를 미루고 미뤄 왔었다. 그러다가 도저히 안 되겠어서 집들이 날을 잡았다.

내가 무슨 솜씨가 있어서 20명 가까이 되는 우리팀의 음식을 장만하겠는가. 당연히 엄마에게 구원요청을 했다. 엄마는 날짜에 맞춰서 갖은 양념을 다 준비해서 올라오셨고, 혼자 힘으로는 안 되니 아현동 이모랑 같이 하시겠다는 거다. 나야 당연히 환영이었다.

이모도 나를 친딸처럼 생각하셨으니 흔쾌히 오셨고, 원래 우애가 좋으신 두 분은 상의를 해 가시며 음식을 마련하셨다.

요즘 사람들 평소에 고기는 많이 먹을 테니 고기는 제외하고, 서울사람들에게 전라도의 맛있는 손맛을 보여주자며 의기투합해서 선정한 음식들은 해산물을 이용한 음식.

해물탕, 생선회, 새우찜, 낙지무침… 뭐 여하튼 그런 식으로 해산물 위주의 상을 차렸고 기본적인 반찬들을 준비해서 점심상을 차렸다. 그리고 그때 우리집이 여의도였으니 팀원들은 점심시간을 이용해 우리집에 밥을 먹으러 왔다.

처음엔 우리 엄마와 이모가 너무나 점잖게 손님들을 맞이했다. 다들 형식적인 인사가 끝나고 밥상 앞에 앉아 맛있게 식사들을 하기 시작했는데 음식을 준비한 이모와 엄마는 속으로 좀 불안하셨나 보다. 음식이 혹시 짜지는 않은지, 맛이 있기는 한 건지, 입맛에는 맞는지….

다행히 다들 맛있다며 잘 드셨다. 그런데 시골양반인 엄마와 이모가 보시기에는 영 먹는 모습들이 시원찮았나 보다. 그도 그럴 것이 해물탕에 들어있는 꽃게를 누가 넙죽 들어다가 먹을 것이며, 엄마가 솜씨 내어 담근 전라도 김치는 썰어놓으면 맛없다고 위에 꽁지만 썰어서 내어놓았으니 다들 먹고 싶어서 젓가락으로 들었다가도 못 먹고 놔버리기 일쑤고….

점잖게 밥을 먹는 팀원들의 모습이 영 못마땅했지만 어쩌지 못하고 보고 계시던 엄마와 이모.

그러다가 우리 부장님께서 '아, 잘먹었다' 며 숟가락을 놓으셨는데 그릇에 밥이 조금 남아 있었다. 옆에서 음식을 나르고 계시던 엄마가 그때는 얌전이고 체면이고 생각하지 않고 아주 본능적으로 부장님 옆에 착 앉더니 그 밥그릇에 물을 말아버리고는 하신다는 말씀이 "아따, 이것 한 숟가락을 못 먹어서 냉기요? 물 말아서 드쇼. 이놈 냉겨 놓으믄 개를 줄 것이요 버릴 것이요? 아까운게 어서 드쇼" 하시니 전주가 고향이신 부장님은 시골정서를 아시기에 껄껄 웃으시며 예예 하셨다.

거기에 힘을 얻은 우리 이모도 갑자기 팀원들 사이에 끼어서 앉

으시더니 그동안 참고 있어서 답답한 얘기들을 쏟아 놓으셨다.

"이 기(게)도 어째 그렇게들 못 드쇼? 이렇게 들어서 이빨로 꽉 깨물어서…" 하며 시범까지 보여주고 사투리 써가며 이것저것 음식 소개와 먹는 방법들을 가르쳐 주고 밥도 더 가져다가 퍽퍽 퍼서 더 주고 한다.

우리 엄마는 아예 부장님 옆에 앉아서 그 한 숟가락 남긴 밥에 물을 만 걸로 부족해서 시뻘건 김치를 쭉쭉 찢어서 숟가락에 놔주고 김치 찢었던 손가락을 한 번 빨아먹고 또 찢어서 다른 사람에게도 주면서 "생지는 칼 닿으믄 맛이 없당게. 이렇게 쭉쭉 찢어서 먹어야 맛나" 하신다.

여지없이 손가락은 계속 빨아대시면서. 팀원들은 다 웃고 난리가 났다. 엄마와 이모는 팀원들이 웃으니 어려움이 없어지셨는지 농담도 하시며 옆에 앉으셔서 밥시중을 드셨다.

한쪽에서 팀원들이랑 같이 밥을 먹던 나는 너무 무안해서 엄마와 이모에게 제발 그만 좀 하시라고 말리며 눈짓을 했다. 그러자 순박한 엄마와 이모는 얼른 일어서서 둘이 손을 맞잡고 주방으로 가셨다. 엄마와 이모의 그런 시골스러움이 정겹고 좋았던지 우리 부장님이 내게 말씀하셨다.

"고 작가, 엄마랑 이모님 금촌댁네에 출연시켜. 얼마나 좋아. 연기가 필요없잖아. 지금 저런 모습 그대로가 우리네 어머니의 모습이고 고향의 모습이지. 출연시켜. 어머니, 따님의 작품을 위해서 출연 좀 하시죠?" 하셨다.

우리는 그 농담에 전부 웃고 그럴까? 어쩔까? 하고 있는데 엄마와 이모가 손을 꼭 잡고 우리 앞에 와서 서신다.

"거시기요…."

우리가 하던 얘기를 멈추고 다들 보니, 너무나 진지한 표정으로

"출연료도 줘요?" 하셨다.

다들 웃고 난리가 났는데 부장님께서 또,

"당연하죠. 이 PD, 일반 출연자들 출연료가 얼마지?" 하니 이 PD가 말하길,

"일반 출연료는 너무 짜고, 특별출연으로 하면 1인당 한 10만 원 정도 됩니다."

"그래? 그럼 두 분이 한 달에 네 번이면 80만 원, 한 분이 40만 원

이면 용돈은 쓰시겠네. 출연하시죠?"

하시니 엄마와 이모가 서로 눈짓을 주고받더니 좀 상의를 해보겠단다.

처음에 부장님의 농담으로 시작된 것이 엄마와 이모에게는 너무나 진지했고, 거기에 돈까지 걸려있게 되었으니 엄마와 이모는 심각하다. 그러나 우리팀들은 그게 처음부터 농담인 걸 알았기에 엄마와 이모의 그런 진지한 모습이 그저 재밌기만 했다.

모두들 웃고 난리일 때 나도 그 틈에 끼어 있었지만 사실 나는 상의를 해보겠다면서 주방 쪽으로 간 엄마와 이모가 여간 신경 쓰이는 게 아니었다. 가만히 귀를 기울이보니 주방에서 누런두런 얘기가 심각하다.

우리팀들은 이미 얘기의 주제가 다른 데로 옮겨져서 다른 얘기를 하고 있는데 이모가 또 얘기를 끊는다. 이번에는 엄마와 이모가 손을 잡고 오신 게 아니라 이모 혼자 오셨다.

"저…."

"예, 말씀하세요."

"근게요, 우리가 출연은 허고 싶은디 글을 잘 못 읽는디… 어떻게 허죠?"

모두들 깔깔깔 난리가 났다.

그러나 우리 부장님은 또 그 진지함을 받아서,

"아니, 글 못 읽는 거 아무 상관없습니다. 두 분은 대사를 안 해도 우물가에서 상추만 씻고 있어도 딱 그림이 되잖아요. 금촌댁네는 농촌 이야기라 두 분이 상추만 씻고 계셔도 너무 좋습니다."

"아, 예."

이모는 다시 엄마가 있는 주방으로 가셨고, 우리팀들은 다들 두 분의 진지함에 웃음을 못 참았다. 왜 엄마와 이모는 농담을 농담으로 못 받아들이고 잊을 만하면 한 번씩 와서 상기시키나 싶어서 짜증도 났지만 손님들이 계셔서 티를 못 내고 있는데 주방 쪽에서는 엄마와 이모가 뭐가 그렇게 심각한지 두런두런 10만 원이 어쩌고, 상추가 어쩌고, 용돈이 어쩌고….

나는 팀원들과 섞여 있었지만 신경은 온통 엄마와 이모에게 가 있었다. 그런데 나의 그런 불안한 마음에 보답이라도 하듯 엄마와 이모가 결정타를 날렸다.

우리가 또 다른 얘기를 하며 있는데 엄마와 이모가 서로 손을 꼭 잡고 쌍둥이처럼 나란히 우리 앞으로 오시더니 비장하게 서신다.

"거시기요….."

"이모, 엄마, 뭐가 또 거시기요야?"

"응, 우리가 꼭 헐 말이 있어서."

"예, 말씀하세요, 뭐가 궁금하세요?"

"근디 부장님, 그 10만 원을 벌라믄 상추를 몇 관을 씻어야 돼요?"

엄마는 너무나 진지했지만 거기 있던 우리 팀들은 다 자지러지고 말았다. 엄마와 이모는 계속 주방에서 두런두런 글도 못 읽는 사람들 데려다가 우물가에서 상추를 씻게 하려면 대체 몇 관을 씻어야 한 사람당 10만 원씩을 주나 그게 너무 궁금했던 거나.

모두들 자지러지게 웃었지만 엄마와 이모는 왜 사람들이 웃는지를 몰라서 어리둥절 서 계셨고, 나는 또 그 특유의 '엄마 땜에 내가 못살아' 소리를 해댔다. 그런데 엄마는 분위기가 좀 이상하고, 내가 인상을 쓰며 못살겠다고 하니 자존심이 상하셨는지 거기서 단호하게 말씀을 마무리 지으셨다.

"지가요, 여그서 확실히 말씀드리겠는디요. 나 거그 출연 안 헐라요. 10만 원을 벌라믄 얼마나 많은 상추를 씻어야겠소. 나 허리 디스크가 있어서 힘든 일은 못혀요. 근게 10만 원은 아깝지만 포기헐라요. 언니도 포기혀. 나 안 허는디 언니만 헐랑가?"

"아녀, 너 안 허믄 나도 안 허제. 나 혼자 지겨워서 그 많은 상추를 어떻게 씻는데? 나도 안 혀."

그리고는 두 분이 돌아서 손을 꼭 잡고 주방으로 가신다. 웃다 지친 팀원들의 입에서는 '진짜 히트다' 라는 소리가 연신 터져나왔고, 돌아갈 때는 또 인사치례로 '꼭 출연하셨으면 좋았을 걸 아쉽다' 라고 얘기를 하고 갔다. 나는 어찌나 무안하던지, 그때 나도 그냥, 웃고 말았다. 일일이 그걸 이모와 엄마에게 설명하기가 그래서.

근데 엄마는 아마도 그때 그 일을 당신이 출연을 거부해서 무산된 걸로 지금도 알고 계실 거다.

딸이 밤에 잠도 못 자고 그 긴 글을 쓰느라 고생하는 생각을 하면 가슴이 미어져서 딸이 쓴 작품을 못 본다는 엄만데 딸의 작품을 위해서는 한 번 출연할 만도 하고, 돈 10만 원이 문제가 아니라 딸을 위해서라면 트럭으로 날라대는 상추도 씻으라면 다 씻을 우리 엄만데 그때는 왜 허리 디스크를 핑계로 출연거부를 하셨을까? 그것도 이모까지 끌고 가서 출연 못하게 협박(?)하고.

사실, 그때 출연하겠다고 했으면 그 일을 수습하기가 더 난처했겠지만.

엄마의 기

은을 준들 너를 사랴
금을 준들 너를 사랴
청아, 내 딸 청아
공양미 삼백 석에 너를 팔아 내 눈뜨면 무엇하랴
하늘이 무너져도 땅이 꺼져도 사공아 뱃사공아
내 딸은 못 데려 간다

누가 부른 건지, 언제 적 노래인지는 모르지만 난 어려서부터 이 노래를 들으며 자랐다. 엄마가 나를 재울 때는 늘 자장가로 이 노래를 불러주셨기 때문이다. 난 어린 마음에도 이 노래가 그렇게 구슬프게 들렸다.

그리고 조금 큰 후에는 "아, 우리 엄마가 심봉사가 심청이 의지하듯 나를 그렇게 의지하며 살고 있구나" 하는 생각에 마음이 아프기도 했었고, 이 노래 듣기 싫다며 짜증을 내기도 했었다.

그러나 우리 엄마는 지금도 날 보면 이 노래를 흥얼거리신다. 그냥 날 보면 저절로 이 노래가 나온다고 하신다. 나도 이제는 이 노래를 들으면 엄마에게 짜증을 내기보다는 그냥 같이 흥얼거리는 여유가 생겼다. 이제는 엄마의 커가는 딸이 아닌 엄마와 같이 늙어가는 딸이기에.

이렇게 엄마와 나를 끈끈히 이어주는 이 구슬픈 노래를 엄마가 배우게 된 사연은 이렇다. 엄마가 열일곱 살 때 엄마가 살던 고창군 흥덕면에서 노래자랑이 열렸다. 우스갯소리 잘하고, 잘 웃어서 인기 만점이던 엄마는 당연히 동네대표로 그 노래자랑에 나가게 되었는데, 외할머니가 일이나 하지 어디 면에까지 가서 허튼 짓을 하냐고 욕을 해대는 통에 엄마는 이러지도 저러지도 못하고 있었단다.

그런데 1등을 하면 그 시절에는 최고의 상품인 양은냄비를 준다고 하더란다. 만날 가마솥에 불 때서 밥하기가 지겨웠던 엄마는 금

방 팔팔 끓는다는 그 노란 양은냄비가 너무나 갖고 싶더란다. 그래서 만날 애를 본다며 세 살배기 조카(큰외삼촌의 아들)를 업고 밖으로 나가 친구들과 열심히 노래연습을 했다.

그리고 드디어 노래자랑을 하는 날. 그날도 여전히 집안일은 뒤로 한 채 애를 본다는 핑계로 조카를 업고 면으로 향한 것이다. 면사무소 앞에는 간이무대가 마련되어 있었고, 그 주위에는 사람들이 바글거렸다.

친구들과 같이 갔던 엄마는 당당히 참가신청을 했고, 떨고 있는 친구들과는 달리 당당히 무대에 올랐다. 많은 사람들을 보자 겁을 먹고 안 떨어지려는 조카를 등에 업은 열일곱 살의 처자는 무대 한쪽에 상품으로 진열된 노란 양은냄비를 금방이라도 집어삼킬 듯 노려보며 멋들어지게 노래를 불렀다.

은을 준들 너를 사랴~
금을 준들 너를 사랴~

사람들은 젊은 처자의 고운 음성에 환호했고, 등에 업혔던 아기

는 놀라서 울고. 사람들의 환호에 신이 난 처자는 등에 업은 조카를 무대에 내려놓고 구슬픈 가사와는 달리 춤까지 살살 춰가며 노래를 불렀단다. 그러니 사람들은 더 환호하며 난리가 났고, 무대 위에 내려놓은 조카는 놀라서 허둥대며 달아나고….

결국 신명나게 노래를 마치고 내려와 보니 세 살배기 조카는 무대에서 허둥대며 내려오다가 계단에서 굴러떨어져 이마에 피를 철철 흘리고 있더란다. 놀란 엄마는 피 흘리는 조카를 안고 사방을 헤매다가 쑥을 한 주먹 뜯어서 돌에 찧어서 피가 흐르는 조카의 이마에 턱하니 붙여주고는 우는 조카를 달래 업고 다시 무대 쪽으로 와보니 엄마가 당당히 일등을 해서 양은냄비가 기다리고 있더란다.

꿈에도 그리던 양은냄비를 품에 안고 이마 깨진 조카를 등에 업고 숨이 차게 집에 온 엄마를 기다리고 있었던 건 외할머니의 모진 욕과 매질이었다고 한다. 나가지 말라는 노래자랑에 나간 것도 화가 나는데 금쪽 같은 손자의 이마를 깨뜨려 쑥을 찧어 붙여서 데리고 들어왔으니 며느리 보기 얼마나 민망했겠는가.

부지깽이를 들고 '저년… 저 쳐죽일 년…'을 외치며 쫓는 외할머니와 그 매질을 피하기 위해 온 집안을 뛰어다니며 '엄니 잘못했

네, 나 좀 살려주소' 하면서도 그 노란 금칠된 양은냄비가 좋아서 웃음은 절로 났단다.

　엄마의 그 타고난 끼는 결혼 후에도 계속 쭉 이어졌던 것 같다.

　30여 년 전.

　버스기사를 하는 아버지 뒷바라지와 단칸방에서 우리 4남매를 키우는 엄마에게는 제대로 외출할 기회가 없었다. 그러나 일 년에 한 번 엄마가 떳떳이 외출을 할 수 있는 날이 있었으니 그 날은 부처님 오신 날인 사월초파일이었다.

　엄마가 불심이 깊은 것은 아니었지만 버스운전을 하는 아버지의 안전을 기원하고 가족들의 건강을 빌기 위해 그날은 꼭 절에 가서서 등도 밝히시고 기도도 하고 오셨던 것 같다.

　그 해 사월초파일에는 엄마가 나와 둘째 동생은 근처의 이모집에 맡기고, 젖먹이 막내는 업고, 큰아들인 맏동생은 손을 잡고, 머리에는 쌀 두어 됫박을 보자기에 싸서 이고, 다니시던 절을 향해서 가시려고 집을 나섰다.

　그런데 읍내 중앙을 가로질러 가다보니 정읍극장에 〈벤허〉 간판이 크게 그려져 있었다. 처녀 적부터 영화 보는 걸 좋아하셨던 엄마

는 그 간판을 보자 그 영화가 보고 싶어서 발길이 안 떨어지더란다. 이럴까 저럴까 한참을 망설이다가 벌받아 죽을 때 죽더라도 이 영화는 보고 죽어야겠다는 생각이 들어서 부처님께는 죄송하지만 시줏 돈으로 영화표를 사서 극장 안으로 들어갔단다.

절에 안가고 영화관으로 땡땡이 쳤다는 죄책감도 잠시, 엄마는 그 영화가 너무 재미있어서 징징대는 큰동생은 옆에 재우고, 젖먹이 막내동생은 엄마의 젖꼭지를 물려 놓은 채, 정신없이 영화를 봤단다.

그때는 지금처럼 흡수력 좋은 종이 기저귀가 있는 때도 아니고 다들 천 기저귀를 쓸 때인데 젖믹이 동생이 볼일을 봐서 기저귀가 젖으면 큰 것일 때는 기저귀를 돌돌 말아 한쪽에 놔두고, 소변일 때는 싸는 양에 따라 이리 돌려 채웠다가, 뒤집어 채웠다가, 의자 손잡이에 널어 말려서 채웠다가, 홀딱 벗겨놨다가 하며 그 영화를 세 번이나 봤단다.

자막은 잘 못 봐도 그림만으로도 너무너무 재미있고 감동적이었다고 엄마는 두고두고 말씀하셨다.

〈벤허〉가 길기는 또 좀 긴가? 또 그때만 해도 시골극장이라 한 회 끝났다고 쫓아내고 그러던 시절이 아니었으니 가능했으리라.

그렇게 영화를 재밌게 세 번이나 보고 나와보니 벌써 밖은 어두웠고, 집에는 가야겠는데 시주하려고 이고 갔던 쌀이 문제더란다. 다른 건 엄마가 시침 뚝 떼고 절에 다녀온 것처럼 하면 될 일이었지만 절에 갖고 간다고 들고 나간 쌀을 다시 들고 들어가면 완전범죄가 성립이 안 될 일이었으니….

그래서 이 궁리 저 궁리하다가 그 쌀을 막내동생을 업은 포대기를 풀어서 그 안에 넣고 다시 막내 동생과 그 쌀을 같이 묶어서 업은 엄마.

말 못하는 젖먹이 동생은 괜찮았지만 철없는 맏동생에게는 단단히 입조심을 시킨 후 천연덕스럽게 절에 갔다온 것처럼 집에 와서 아무도 몰래 쌀독에 그 쌀을 다시 부었단다. 그리고 완전범죄를 혼자 음미하며 행복해 했을 우리 엄마. 그렇게 영화를 좋아했던 엄마.

지금까지도 TV에서 하는 영화는 기다렸다가 다 보신다. 그렇게 영화보는 걸 좋아했던 엄마에게 영화출연 제의가 왔다.

정말 엄마의 끼에 대한 결정판이나 다름없는 사건.

영화의 단역도 아니고 당당히 주인공으로 출연제의가 온 것이다. 내가 작년에 낸 초판《친정엄마》가 많은 사람들에게 공감을 불러

일으켰고, 결국은 실제인물인 엄마를 주인공으로 영화 《친정엄마》를 해보지 않겠느냐는 제의가 내게 들어왔다.

나는 선뜻 대답을 못했고, 또 누구보다도 당사자인 엄마의 뜻이 어떤지 몰라서 물어보겠다면 며칠간의 시간을 달라고 했다.

그리고 그날 밤, 난 정읍에 계신 엄마에게 전화를 걸었다.

"여보세요?"

"엄마, 나야."

"어이~, 우리 딸인가?"

"별일 없지?"

"응. 너도 잘 있냐?"

"응."

나는 엄마와 그런 형식적인 인사말을 건네며 생각했다.

'에이, 괜히 노인네 고생시키지. 그런 걸 왜 해. 또 엄마가 얼마나 부끄러워하겠어. 괜히 부담만 주느니 차라리 관두자' 그렇게 생각하고 있는 중이었다. 그런데 엄마가,

"근디 뭔 일로 전화했어? 뭔 헐 말 있어?"

"아니 그냥…."

"뭔 헐 말 있는 감만. 얼릉 히봐. 뭔 말이여."

"있잖아…. 누가 내 책《친정엄마》그거 영화로 해보겠다는데…."

"오메, 그려? 아, 뭔 그런 얘기도 영화가 되는 갑다이? 언제 헌다냐?"

"근데 주인공을 엄마가 했으면 좋겠대…."

"엥? 나보고 영화배우를 허라고? 이게 뭔 소리여?"

"엄마, 안 되겠지? 아휴…. 그거 괜히 고생만 하고…."

"아녀, 나 헐란다 나 잘헐 수 있어."

나는 너무 놀랐다. 만날 집에서 그렇게 살림만 하고 자식들만 키우던 엄마. 불같은 성격의 아버지 앞에서 제대로 기 한 번 못 피던 엄마가 영화를 찍겠다는 말에 나는 정말 놀랐다.

그리고 한편으로는 너무 웃기는 거다. 그래서,

"엄마, 영화 찍을 수 있겠어?"

"왜 못혀. 허믄 허는 것이제. 사람일 다 맘먹기 나름이여. 허믄 재밌겄다야."

"엄마, 한글도 잘 모르잖아. 근데 할 수 있겠어?"

"근게 니가 따라다님서 읽어줘야제. 그믄 내가 얼른 외워서 허

마. 내가 외우는 것은 잘허잖어."

"엄마 진심이야? 진짜 하고 싶어?"

"그려, 허고 싶어. 근디 출연료는 얼마나 준다냐?"

"아마추언데 얼마나 주겠어? 많이 줘야 한 천만 원 주겠지."

"뭐여? 왜 천만 원밖에 안 줘? 넘들 얘기 들어보믄 몇 억씩 받는다고 허드만."

나는 진짜 웃음을 참을 수가 없었다. 누가 우리 엄마를 말린단 말인가? 저렇게 의욕적이고, 저렇게 진지한 엄마를 어찌해야 된단 말인가? 나는 한참을 깔깔대고 웃다가 상난기가 발동해서,

"엄마, 엄마가 심은하야? 이영애야? 무슨 몇 억? 엄마는 진짜 왜 이렇게 웃겨?"

그랬더니,

"근다고 누구는 몇 억씩 줌서 나는 천만 원밖에 안 준다냐?"

"엄마 진짜 왜 그래? 그 천만 원이 작어? 그리고… 엄마는 아마추어야."

"아무리 생짜라고 히도 너무 차이가 나네."

"그래서 출연료 작아서 안 할 거야?"

"아녀. 그리도 혀. 놀든 뭣 허냐. 천만 원이라도 벌어야제."

엄마는 너무너무 진지했지만 나는 너무 웃음이 나와서 어찌해야 할지를 모르고 깔깔댔다. 그렇게 통화를 한 후 나는 정확한 것을 알아서 다시 전화를 하겠다며 끊었고, 그날 밤에 이리저리 뒤척이며 생각을 해봤지만 엄마가 주인공으로 영화출연을 하는 것은 좀 그럴 것 같아서 안 하는 게 낫겠다고 혼자 결론을 내리게 되었다.

그리고 날이 밝으면 관계자에게 전화해서 거절을 해야겠다고 생각을 하고 잠이 들었다. 그리고 아침, 나는 늦잠에 취해 있는데 요란스럽게 전화벨이 울렸다.

"여보세요?"

"자냐? 엄마다. 나는 한숨 못 잤고만 너는 잠이 오디?"

"왜 잠을 못 자?"

"밤새도록 기와집을 열두 채는 지었다 부셨다 했어."

"왜?"

"야야, 내가 곰곰이 생각히 봤는디…."

"뭘?"

"영화배우말이여."

"엥?"

"아무리 거울을 봐도 나 코 쪼께 세워야 쓰겄다. 그리고 나 눈꺼풀이 너무 쳐져버리서 눈깔이 안 보여야. 근게 이것도 조께 수술을 허까?"

"엄마, 뭔 소리야?"

"배우들 다 성형수술 헌담서? 그리고 말 나온 김에 출연료 조께만 더 도라고 히라. 허다못해 몇 천이라도 되야 막둥이 장가보내는 데도 보태고, 태헌이네 전세금이라도 좀 보태주제. 그리고 너도 책 쓰니라고 욕봤응게 옷이라도 한 벌 사주고… 에 또… 돈이 좀 남으믄 보일러도 좀 고치까?"

"엄마, 그거 생각하느라 밤새도록 잠을 못 잔 거야?"

"응. 재미나더라, 내가 늘그막에 인자 돈이 들어와서 너그들한테 제대로 에미 노릇 한 번 헐랑갑다. 야야… 언제 올라가믄 되냐?"

나는 잠이 확 깨면서 눈물이 쏟아질 거 같았다. 평생 아버지에게 생활비를 타 쓰던 엄마. 늘 자식들 생각하는 맘이야 있었지만 경제적인 도움을 줄 수 없었던 엄마는 영화판이 어떤 판인지, 자신에게 어떤 힘든 일이 닥칠지는 생각도 못하고 어떻게든 목돈이 생기면 자

식들의 전세자금과 결혼비용으로 내놓으며 생전 처음으로 에미 노릇 한 번 제대로 해볼 생각에 부풀어 출연료 천만 원 받았을 경우, 이천만 원 받았을 경우, 삼천만 원 받았을 경우…, 만에 하나 일억을 받았을 경우에는 자식들을 위해서 어떻게 써야겠다는 계획을 밤새도록 세우셨던 것이다.

"내가 못살어 진짜… 엄마는 왜 그래?"

"뭣이…? 너 우냐? 왜 우냐?"

"엄마 영화출연 안 해. 내가 그냥 농담으로 그래 본 거야. 누가 엄마를 돈을 주면서… 영화 안 찍어. 꿈 깨."

"……"

"엄마, 내 말 들어?"

"응."

"영화 안 찍는다고."

"들었어."

"꿈 깨, 알었어?"

"그려, 허기는 누가 나 같은 거 데려다가 영화 찍고 그런 큰돈을 내놓겄냐. 알었다."

"엄마, 그런 게 아니고… 엄마는 그냥 지금이 제일 좋아. 영화 찍으면 엄마 사생활도 없어지고… 엄마 사는 거 너무 불편해져."

"그리도 나는 돈 벌고 싶네. 나도 전원주처럼 헐 수 있는디… 전원주 돈 많이 벌지야? 좋겄다."

"엄마, 부러워?"

"아녀, 근게 나한테 영화를 찍자고 헌 것이 아니고 니가 농닭헌 것이란 말이제? 알었어. 들어가."

엄마는 그렇게 전화를 끊어버렸고 나는 엄마가 얼마나 상심했을지를 알기에 맘이 아팠다.

우리 엄마는 그렇게 내재된 끼가 많은 사람이다. 물론 자식들을 위해 목돈을 벌고 싶기도 했겠지만 그런 맘을 먹는다는 게 쉬운 일은 아니다. 엄마는 남 앞에 서는 걸 좋아하고 흥이 많고 날 때부터 내재된 끼가 있었기에 영화 주인공을 하라는 제의에도 두려움 없이 흔쾌히 승낙을 했을 것이다.

나는 엄마의 딸이다. 그리고 엄마를 많이 닮았다. 외모와 성격, 식성, 엄마의 유머감각과 끼. 그래서 내가 이렇게 낙천적으로 내 일을 하며 즐겁게 살고 있는 것이다. 엄마가 늦게라도 그 내재된 끼를

발산하며 살 수 있는 것도 좋겠지만, 어쩌면 나는 그게 싫었는지도 모르겠다.

나이 들어서 세련돼지고 당당해진 엄마보다는 나를 보면 저절로 '은을 준들 너를 사랴~ 금을 준들 너를 사랴~'를 흥얼거리며 나만을 바라봐 주는 엄마로 끝까지 기억하고 싶은 나의 욕심. 엄마는 자식을 위해 욕심을 버리고 모든 걸 다하지만 딸인 나는 나의 욕심만 앞세운다. 이래서 자식 키워봤자 다 소용없다고 하나 보다.

엄마의 자랑스러운 딸

"엄마, 기다려. 나 엄마의 자랑스러운 딸이 될게. 아무것도 자랑할 거 없는 우리 엄마, 내가 꼭 엄마의 자랑거리가 될게."

누구나 어렸을 때는 꿈을 갖고 산다.

말을 하기 시작할 무렵부터 어른들은 아이들에게 나중에 커서 뭐가 될 거냐고 묻곤 하기도 하고, 어떤 어른들은 아이를 보며 '이쁘니까 나중에 커서 미스코리아가 돼라', '똑똑하니 나중에 판검사가 돼라' 라고 하기도 한다.

내가 어렸을 때 어른들은 나를 보며 '말을 잘하니 관광버스 안내양이 돼라' 고 했다. 시골사람들이 아는 말 잘하는 사람은 다 버스 안내양이었나 보다. 세상에… 말 잘하니 변호사가 돼라도 아니고 관광

버스 안내양이라니… .

　아이가 조금 더 커서 학교에 가면 학교에서는 장래희망을 적어오게 한다. 그러면 아이들은 모두들 비슷비슷한 장래희망을 적어간다.

　내가 초등학교에 다닐 때 우리반 여학생의 거의 대부분은 선생님이나 간호사가 꿈이었다. 그땐 여자는 선생님이나 간호사, 남자는 장군, 대통령, 과학자가 우리가 아는 최고의 대상들이었다.

　나도 초등학교 때 장래희망은 선생님이었다. 내 꿈이 선생님이라는 걸 들으신 우리 아버지는 "여자 직업으로는 그보다 더 좋은 직업 없느니라, 깨끗허제, 사람들이 존경허제, 또 평생 해먹는 직업 아니냐? 참 좋은 직업이니라" 하시며 은근히 기대를 하시는 눈치였다. 나는 그렇게 어떤 특별한 생각 없이 다른 친구들따라 장래희망이 선생님이었다.

　그렇게 중학생이 되었다. 순하고 착하기만 했던 나. 그저 잘 웃고, 겁 많고, 그냥 집만 좋아하는 아이였다.

　그런데 중학생이 되고 나니 선생님들께서 자꾸 나보고 글을 잘 쓴다고 칭찬을 해주셨다. 칭찬도 자꾸 듣다 보니 더 잘하고 싶은 생각이 들었고, 또 친구들 앞이나 선생님 앞에서 자신감도 생겼다.

그래서 잘 웃던 나는 한술 더 떠서 유쾌하고 자신만만한 모습으로 변해갔던 거 같다. 누군가가 나를 알아주고, 내가 그 분야에 최고라고 칭찬을 받다 보니 정말 그 자리를 뺏기고 싶지 않아서 나름대로 더 노력을 했던 거 같기도 하다.

그래서 글쓰는 거에서만 그치지 않고, 소풍갈 때나 학교행사 때 내가 직접 대본을 써서 연극을 하기도 하고, 원맨쇼를 하기도 하고… . 그러면서 더 유쾌하고 재밌는 아이가 되었다.

늘 내 주위에 몰리는 친구들과 재밌고 행복한 학교생활을 하게 된 것이 중학교에 가서 내가 그 동안 몰랐던 글쓰는 재주를 알고 난 다음부터였다. 선생님들과 친구들의 칭찬이 나를 변하게 한 것이다.

그 무렵, 나의 꿈이 바뀌게 되었다.

중고등학교 때는 누구나 문학소녀고, 누구나 소설가나 시인을 한 번쯤을 꿈꾸어 봤을 것이다. 특히 나처럼 글을 잘 쓴다고 칭찬을 들었던 학생이라면 소설가나 시인을 당연히 꿈꾸어 봤으리라.

그러나 나는 아니었다.

나는 그때부터 잘 알지도 못하는 방송작가가 꿈이었다. 방송작가에 대해서 아는 것도 없었고, 들은 바도 없었다. 그저 그런 직업이 있다는 거 정도밖에 몰랐다.

그런데 나는 그때 '나는 커서 꼭 방송작가가 되겠다'고 생각했고 그 이후 나의 생각은 한 번도 변함이 없었으며, 결국 현재 나는 방송작가가 되어 생활하고 있다.

어려서 나는 (언제부터인지는 정확히 몰라도) 늘, 엄마가 불쌍하다는 생각을 하며 살았다. 어린 내 눈에도 엄마는 너무 가족에게 헌신적이었고, 아빠의 매질도 참아야 했고, 별 볼 일 없는 친정에 기댈 수도 없었고… 그저 엄마는 묵묵히 참고 사는 사람이었다.

엄마는 우리를 앉혀 놓고, 엄마가 어렸을 적 얘길 자주 해주셨는데 그때는 껌이 귀해서 껌 하나 생기면 온 집안식구가 돌아가며 씹었다는 얘기, 밤에 자기 전에 씹던 껌을 벽에 붙여놓고 자면 아침에 일어나 보면 누군가 떼가 버려서 속상해 울었다는 얘기에 우리는 더럽다며 얼굴을 찡그리며 웃어댔었다.

또, 이모와 엄마가 좀약을 박하사탕인 줄 알고 먹었다가 거품 물고 쓰러졌다는 얘기에는 배를 잡고 깔깔거렸다. 학교는 가고 싶어 죽겠는데 할머니가 '가시내가 배우믄 뭐하냐 나중에 바람이나 나지, 애나 봐라' 하는 바람에 그나마 애 업고 다니던 학교도 초등학교 3학년까지 다니다 말았단다. 그런 얘기를 유머감각이 있고 낙천적이신 엄마가 재미있게 얘기해 주셨고, '우린 땐 다 그랬다' 며 우리랑 같이 깔깔대셨다.

그렇게 어려서 고생하던 얘기를 재미로 자식들에게 해주시던 엄마가 딱 한 가지 아쉬워하는 게 있으셨는데 그건 양재학원이다.

손재주가 좋은 엄마는 수도 잘 놓고, 바느질도 잘했단다. 그래서 사람들이 양재학원을 한 번 다녀보라고 했고, 엄마도 너무나 다니고 싶었단다.

그러나 그런 시골에서 누가 그렇게 선뜻 딸을 읍내 양재학원에 보내주겠는가? 더구나 지지리도 못사는 집에서.

그러나 어찌어찌 하여 엄마는 읍내 양재학원에 등록을 했고 한 달을 다녔단다. 얼마나 신나고 재밌던지 진짜 열심히 다녔다고 했다. 그러나 한 달이 지나고 나니 아무도 학원비를 안해 주었단다. 아니 못해 주었겠지. 다들 먹고 살기도 힘들 때였으니까.

그래서 엄마는 한 달간 다니고 양재학원을 못 다녔다고 했다. 양재학원에 한 달 다닌 솜씨로 엄마는 내 옷을 제법 잘 만들어 주셨는데 그때마다 늘 한숨 섞어 하신 말씀이 '내가 그때 양재기술만 제대

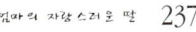

로 배워놨어도 이 고생은 안 허는디… 아이고, 그 생각허믄 가난이 원망스럽고 엄니가 미웁다. 나, 나 그때 양재학원다님서 꿈이 대단했어야. 내가 꿈을 가져본 것은 아마 그때가 첨일 것이여. 아이고… 말허믄 뭣허겄냐…. 그때는 다 그랬어야' 하시던 일이 생각난다.

누구한테 기대기는커녕 속 시원히 원망조차 할 수 없는 우리 엄마. 그저 다 가난 탓이고, 시대 탓이고, 자신의 팔자 탓이라고 생각하며 사셨다.

그런 엄마가 어느 때부터인지 나는 불쌍한 생각이 들었다. 어려서는 가난해서 고생, 결혼해서는 가난과 자식들 때문에 고생. 늘 참아야 하고, 늘 일해야 하고, 그리고 늘 혼자 울어야 했던 엄마.

엄마처럼은 살지 않겠다는 생각과 엄마를 내가 행복하게 해줘야겠다는 생각이 그때 나에겐 큰 숙제였다. 그리고 무엇 하나 제대로 자랑할 게 없는 사람은 얼마나 외롭고 슬플까? 그게 우리 엄마인데 우리 엄마는 왜 이렇게 자랑할 거 하나 없는 불쌍한 사람인가? 그런 생각을 하다가 나는 생각했다.

'우리 엄마의, 자랑할 거 하나 없는 우리 엄마의 자랑스러운 딸이 되어야지. 내가 커서 뭐가 되어야 엄마가 날 자랑스러워할까? 오로지 그 생각뿐이었다.

어떤 의미도 사명도 없었다. 그저 자랑거리 없는 우리 엄마에게 자랑거리가 되고 싶었다.

그러다가 생각한 게 방송국이었다. '내가 누구나 다 아는 방송국쯤 들어가면 엄마가 날 자랑스러워할까? 그럼 나는 방송국에 가서 뭘 할 수 있을까?' 그렇게 찾아낸 게 방송작가라는 직업이었다.

지금으로부터 20년도 더 된 그 시절, 정읍이란 시골에서 내가 방송작가가 되겠다고 하면 선생님들과 친구들부터도 다시 한 번씩 더 물었다.

그리고 웃었다. 어떤 선생님은 헛된 꿈은 일찍 깨주는 게 좋다는 투철한 사명감을 가지고 아예 대놓고 비웃기도 했다.

"뭐? 뭐가 된다고?"

"방송작가요."

"방송작가? 그게 뭐하는 건데?"

"방송국에서 글쓰는 거요?"

"방송국에서 무슨 글을 써?"

"잘 몰라요, 근데 저는 꼭 방송국 들어갈 거예요."

"왜?"

"그냥 거기 가서 일하고 싶어요."

"흠… 얘, 방송국 들어가기가 얼마나 힘든 줄 아냐?"

"……."

"참 희한한 애네, 이런 시골구석에서… 꿈을 갖는 건 좋지만 좀 실현 가능한 꿈을 가져라. 방송국에 들어가는 건 낙타가 바늘귀에 들어가는 거나… 아휴, 내가 너 나중에 상처받을까 봐 걱정돼서 하는 얘긴데… 꿈 깨, 괜히 헛바람 들어서 공부는 안 하고 딴 생각만 할라."

참, 얄밉고 원망스러운 선생님이었다. 그러나 난 굽히지 않았다. 다들 불가능하고 헛된 꿈이라고 생각했지만 나는 누가 뭐래도 꼭 방송작가가 되고 싶었고, 꼭 될 거라는 굳은 의지를 갖고 나름대로 열심히 노력했다.

내가 서울예대에 시험을 본다고 할 때만 해도 주위에서는 내가 시험에 붙을 거라고 생각 못했었나 보다. 내가 살던 시골에서는 그 학교 자체를 잘 알지도 못했고, 안다고 하는 사람들도 '연예인이나 연예인 2세들 다니는, 배우 만드는 학교' 정도로 알고 있었고, 일반인들은 갈 수도 없는 학교라고 생각했기에 나 같은 건 시험은 볼 수 있어도 합격하기는 힘들 거라고 생각했었나 보다.

그도 그럴 것이 그때 서울예대는 특수한 학교였고, 경쟁률도 셌다. 보통 15:1 이랬으니… .

그러나 나는 당당히 합격했고, 주위에서는 많이 놀랐다. 우리 부모님은 예능계학교의 비싼 등록금에 더 놀라셨던 거 같다.

그렇게 시골사람들에게는 이름도 낯선 학교에 나는 합격을 했고, 조금은 못마땅해하시는 아빠를 엄마가 설득해서 입학금을 마련해 주셨고, 난 학교에 다닐 수 있게 되었다.

그렇게 내가 서울생활을 시작하기 위해 짐을 꾸려 역에 갔을 때…. 나를 떨어뜨려 놓는 걸 못내 아쉬워하며 우시는 엄마를 보며 내가 말했었다.

"엄마, 기다려. 나 엄마의 자랑스러운 딸이 될게. 아무것도 자랑할 거 없는 우리 엄마, 내가 꼭 엄마의 자랑거리가 될게."

그때 엄마는 울며 말했었다.

"아가, 나는 그런 거 안 바란다. 너, 출세허는 것도 안 바라고, 니가 내 자랑거리 되는 것도 안 바라고. 그냥 삼시 세끼 밥 잘 챙겨먹고, 건강헌 거… 그리고 내 새끼 옆에 두고 보고 싶을 때 보는 거…

나는 그러고 싶은디 너는… 그려, 너 허고 싶은 거 혀. 엄마는 생각 말고 너 좋은 거, 너 재미나고, 너 행복헐 거 혀. 그믄 엄마도 행복헌 게. 내 새끼 웃으믄 나도 행복허고, 내 새끼 울믄 나는 피눈물 난게… 너 좋은 거… 너 행복헌 거… 나는 그것밖에 안 바런다."

중학생 때부터 한 번도 변하지 않은 꿈.

처음엔 엄마의 자랑스러운 딸이 되고 싶어서 막연히 정한 꿈이었으나 나는 현재 글을 쓰며 사는 내 생활에 상당히 만족하며 살고 있다. 남들은 글을 쓰는 그런 힘든 일을 어떻게 하며 사냐고 묻지만 나는 글 쓰는 일이 행복하고 즐겁다.

세상에 자기가 하고 싶은 일을 하면서 사는 사람이 그리 많지는 않을 것이다. 그런데 나는 내가 하고 싶은 일을 하며 사는 사람이다. 그런 점에서 본다면 얼마나 행복한 사람인가.

엄마 때문에 선택했던 나의 꿈이 나의 천직이 되었고, 나는 그 직업에 매우 만족한다. 엄마의 자랑스러운 딸이 되기 위해 택했던 나의 직업은 결국은 나의 행복을 찾아간 거였고, 이런 당당한 내 모습을 엄마에게 보여줄 수 있어서 좋고, 물론 엄마도 좋아하실 거라 믿는다.

엄마는 요즘도 가끔 그러신다.

"아가, 너는 누굴 닮아서 그렇게 글을 잘 쓴다냐? 나는 그것이 신기허데?"

"닮긴 누굴 닮어? 엄마 딸 엄마 닮지?"

"그려? 히히… 암만… 그러제, 사실 말이제 내가 못 배워서 그러제, 배웠으믄 똑똑헐 판이다."

"그럼 우리 엄마가 얼마나 똑똑한데."

"근디… 니가 나 닮었다고 허든 사람들이 나보고 글 좀 써보라고 허든 어쩌제? 그냥 늙어서 눈이 안 보여서 못쓴다고 허까?"

"내가 못 살어, 또 오버한다. 거기까지…, 아니 누가 엄마보고 글을 써보라고 해?"

"아니 혹시 알어? 작가 엄만게 나보고 글 좀 써보라고 헐지?"

"그럼, 운전기사 엄마한테는 운전해 보라고 하고, 개그맨 엄마한테는 웃겨보라고 해? 엄마는 왜 그러냐?"

"헤헤… 그려, 설마 그런 사람은 없을 것이여, 아따, 나는 좋네. 우리 딸이 방송작가라고 허든 사람들이 깜짝 놀랜당게."

"좋아?"

"응. 근디… 너, 밤새고 글쓰는 것은 안 좋아. 너, 골병들깨비… 밤에 잠 안 자고 글쓰믄 명도 짧다는디…. 잠 제대로 못 자고 신경쓰고… 내 새끼 골병들겄어. 나는 말이여, 밤중에 자다가 잠이 깨믄 말이여. 나 그런 날은 기도헌다."

"나, 잘되게 해주라고?"

"아니, 너그집 전기 팍 나가게 히도라고. 그리야 너 일 안 허고 잘 것 아녀."

엄마가 맛있다고 하는 것들

··· 생선머리와 눈깔.

··· 돼지 비계.

··· 참외 속.

··· 김빠진 콜라.

··· 식어서 묵처럼 된 칼국수.

··· 닭의 목살

··· 배추김치의 떠런 잎.

··· 내가 싫어하는 것들만 맛있다고 하던 엄마.

··· 엄마, 내가 새끼 낳아서 키워보니

나도 엄마처럼 그런 것들만 먹게 됩디다.

그리고 애들한테 말하지요.

"엄마는 세상에서 이게 제일 맛있어"라고.

엄마랑 나는 지금 냉전중

엄마와 나는 지금 냉전중이다.

사람들은 내가 굉장한 효녀인 줄 알고 엄마하고 절대 싸움도 안 하는 착한 딸인 줄 알지만 나도 엄마와 사소한 걸로 싸우고 삐지고, 엄마한테 소리 지르고…, 그리고 나서 돌아서선 속상해서 우는 그저 평범한 딸일 뿐이다.

내가 어려서부터 효녀 소리를 듣게 된 건 참 어이없는 사건 때문이었다.

내가 중학교 때, 겨울이었다. 엄마가 어딘가를 다녀오시더니 허리가 아프다며 누우셨다. 어린 우리들은 별로 대수롭지 않게 여겼는데 그날 밤 외출에서 돌아와 허리가 아프다며 눕던 엄마는 몇날 며칠을 일어나질 못하고 누워 계셨다.

　아버지가 앓고 있는 엄마를 업고 한의원으로, 병원으로 다 다니셨지만 별다른 효과가 없었다. 갑자기 허리를 못쓰고 누운 엄마 때문에 우리 집안은 꼴이 말이 아니었고, 엄마는 어린 우리들을 두고 돌아가시게 될까 봐 매일 눈물이었다.

　허리를 못쓰니 아예 일어나지를 못하는 엄마는 방안에서 기다시피해서 다른 사람의 부축을 받으며 요강에 대소변을 봐야 했고, 허리를 세우고 앉을 수가 없으니 밥도 누워서 먹어야 했다.

　그때 엄마의 나이 40대 초반, 그렇게 허리를 못쓰고 누워서 밥을 받아먹는 엄마의 마음이 오죽했을까? 자식들은 어리고, 집안이 넉넉해서 제대로 치료를 받을 수 있는 입장도 아니고… 또 엄마는 그때 한창 나이였는데 그렇게 집안의 짐이 되어 어미노릇도 못하고 방안만 지키고 있어야 했으니….

　'차라리 죽어야 할 텐데…. 없는 살림 더 축내지 말고 죽어야 할 텐데…. 나 죽으면 우리 새끼들은 어쩌냐, 불쌍한 저것들 저 반짝이는 눈들을 어떡하냐' 며 우리를 붙들고 울기도 하셨고, 우리도 엄마 죽지 말라며 울었다.

아버지는 그때 일도 그만 두시고 엄마를 돌보시며, 엄마에게 걱정 말라고 내가 당신 꼭 다시 일어나게 하겠다며 좋다는 민간요법은 다 쓰시고, 용하다는 한의원은 다 찾아다니셨다.

그때 집안에서는 늘 약 달이는 냄새가 났고, 우리는 갑자기 엄마를 잃게 될까 봐 두려움에 떨며 엄마 옆을 지키고 있었다.

그렇게 몇 달의 시간이 지나고 아버지의 정성과 엄마의 의지 덕분에 엄마는 예전만큼은 아니지만 어느 정도 기력을 회복하고 걷기 시작했다. 그렇게 된 후 병원에 가서 진찰을 받아보니 엄마의 병명은 심각한 허리디스크였다.

20여 년 전 그때는 디스크라는 병이 참 생소한 병일 때였다. 중학생이던 나도 첨 들어본 병이었고, 시골 양반이던 우리 부모도 첨 들어보는 병명이었다.

그때 우리 부모는 문병을 온 손님들에게 이제는 병명을 알았으니 살 수 있다며 안심을 하셨고, 그 병명을 자신있게 사람들에게 말해주었는데 그건 바로 '디스코 병' 이다.

그 당시 디스코춤이 유행하던 때였는데 우리 부모는 그 병이 그 디스코춤과 관계가 있다고 생각을 하셨던지, 아니면 의사가 말하는

'디스크'를 '디스코'로 잘못 들었는지….

그런데 분명 나는 기억한다. 엄마와 아버지가 얘기하시던 중에 엄마가 "여보, 나는 디스코춤도 안 췄는디 왜 디스코병에 걸렸으까?" "이 사람아, 그게 다 디스코 춘다고 걸리겄어? 디스코가 하도 유행인게 전염된 거 아니겄어. 그 디스코춤이 사람 허리 많이 잡겄드만" 하시던 우리 부모님.

그래서 우리 엄마는 그때 디스코 병이었다. 병원에서는 수술을 하자고 했지만 엄마는 안하셨다. 몸에 칼 대는 것을 무서워하던 옛날 양반들, 또 주변에 얼마나 유식(?)한 양반들이 많은지 '그 디스코병은 허리에 칼 댔다가 잘못허믄 병신돼서 평생 누워 있는다더라' 식의 말로 겁을 주며 수술을 못하게 했기 때문이다.

한약과 민간요법으로 어느 정도 나아서 활동을 하던 엄마는 수술을 했다가 잘못되느니 차라리 온전한 허리는 아니어도 그 허리로 조심조심 집안살림은 할 수 있을 거 같다며 극구 수술은 싫다고 하셨고, 아버지도 거기에 찬성을 하시며 더 한약과 민간요법에 의지하셨다.

그렇게 엄마는 엄마의 자리를 찾아 돌아왔고, 한약과 민간요법에 의지하시며 엄마 노릇을 해주셨기에 우리 집안은 다시 서서히 생

기를 찾기 시작했다.

　그 당시 엄마의 허리디스크를 알고 있는 사람들은 우리집에 오기만 하면 '뼈에는 뭐가 좋다더라, 허리 아픈 데는 뭐가 최고라더라' 이런 식으로 정보를 주었고, 우리 부모님도 좋다는 것은 다 해보는 눈치였다.

　그때 그 '~라더라' 정보 중에는 어떤 들풀을 말려서 삶은 후 그 물을 장기복용하면 허리디스크가 낫는다고 하여 우리집 마당에는 늘 그 풀을 말리고 있었고, 부엌의 연탄화덕 위에서는 그 말린 풀을 삶아대고 있었는데 그 풀이름이 정확한 이름이 뭔지는 모르겠지만 그때 우리 시골에서는 그 풀을 '똥풀'이라고 불렀다.

　키가 1미터 가량 되는 제법 키도 크고 노란 꽃이 피며 줄기가 많은… 제대로 자란 것은 풀이라기보다는 나무처럼 울창하기도 한 그런 풀이었다.

　내가 다니던 중학교는 시내에서 한참 떨어진 외진 곳에 위치하고 있었다. 그래서 친구들은 대부분 자전거 통학을 하거나 버스를 타고 학교에 다녔다. 나도 그때 버스를 타고 학교에 다녔다.

　아침마다 엄마에게 버스비를 타서 학교에 가곤 했는데 넉넉지

못한 형편 때문에 엄마는 늘 딱 버스비만 주셨다. 그러나 열대여섯 살 때, 얼마나 먹고 싶은 게 많았겠는가. 집안형편을 다 아는지라 돈을 더 달란 말도 못하고 딱 버스비만 받아서 학교에 다녔다.

그러던 어느 날, 그날은 하교 길에 학교 앞 가게에서 솔솔 흘러나오는 핫도그 냄새가… 너무 먹고 싶었다. 애들이 큼지막한 핫도그에 빨간 케첩을 뿌려서 들고 먹는 모습이 너무 부러웠다.

그래서 친구와 나는 집까지 걸어가기로 하고, 차비로 핫도그를 사먹기로 했다. 그렇게 나는 그날 차비로 핫도그를 사먹었다.

먹을 때는 좋았지만 집에 갈 일이 걱정이었다. 그러나 차비는 이미 핫도그가 되어 뱃속으로 들어가 버린 후였으니 나에게는 선택의 여지가 없었다.

그래서 친구와 나는 집까지 걷기 시작했다. 그렇게 조금 걷다보니 길가에 똥풀이 자라고 있는 것을 보게 되었다. 우리집 마당에서 시들시들 마르는 그 똥풀이 틀림없었는데 아주 탐스럽게 잘 자라 샛노란 꽃들을 활짝 피우고 '날 좀 보소, 날 좀 보소' 하는 거 같았다.

나는 얼른 가서 그 똥풀을 뽑았다. 제법 큰 똥풀이라 쉽게 뽑히지 않았지만 책가방을 놓고 열심히 뽑았다. 뽑긴 뽑았는데 사방팔방

으로 줄기를 뻗은 키가 1미터 가까이 되는 똥풀을 집에 가지고 갈 일이 걱정이었다.

그래서 나는 가방 속에 있던 체육복 웃옷을 꺼내 그 똥풀의 줄기들을 한데 모아 묶었다. 그리고 그것을 들 수가 없어서 끌고 집으로 돌아왔다.

한손에는 가방을 들고, 한손으로는 똥풀을 끌고 개선장군처럼 집에 들어서니 마루에는 엄마와 동네 아주머니들이 앉아게셨다.

"학교 다녀왔습니다."

"어서오니라."

"엄마, 이거…."

"오메, 뭔 똥풀이여?"

"학교 앞에 있는데, 그리서 내가 뽑아왔네."

"그것을 들고 차를 타고 왔냐?"

"아니, 걸어왔네."

"차가 그 똥풀 땜시 안 태워주디? 세상에야…. 그리서 그것을 들고 여그까지 걸어왔냐? 학교서 여그가 어디라고."

"응, 이거 엄마 약이잖여."

"……."

그때 마루에 앉아 계시던 동네 아줌마들이 너도나도 한마디씩 하셨다. 엄마약이라고 창피한 줄도 모르고 저것을 끌고 땀 뻘뻘 흘리며 왔다는 둥, 저걸 가져오려고 버스도 못타고 십리도 더 되는 길을 걸어왔다는 둥, 어쩌면 저렇게 마음씨가 곱냐는 둥, 효녀딸, 효녀딸 하는 바람에 나는 그날부터 졸지에 효녀딸로 불렸다.

어쨌든, 나는 별로 효녀도 아닌데 그때부터 동네에 효녀로 소문이 났고, 지금까지도 효녀로 찍혀 있는 거 같다.

그런 효녀가 지금 엄마와 냉전중이다.

엄마와 내가 사이가 좋고, 또 엄마가 나에가 무한히 희생적인 것도 내가 잘 안다. 하지만…하지만 나라고 왜 우리 엄마가 싫을 때가 없겠는가?

솔직히 많았다. 엄마도 내가 딸이라고 무조건 좋기만 하겠는가? 왜, 싫고 못마땅한 때가 없었겠는가? 하지만 서로, 엄마와 딸이기에, 부모자식간이기에 이해하며 싸우며 화해하며 사는 거 아니겠는가?

그런데 이번에는 좀 심각하다.

엄마도 나도 조금 서로 강하게 나오고 있다. 그 이유는 이렇다.

엄마는 성당에 다니신다. 아버지가 돌아가신 후로는 더 성당을 열심히 다니시고 많이 의지하신다. 매일매일 특별히 하시는 일 없이 그저 성당이나 다니시고, 동네 아주머니들이랑 약장수 구경이나 다니시고 이러시며 시간을 보내시던 엄마였는데 1년 전 어느날, 성당에서 정보를 하나 들으신 엄마.

90세 가까이 되신 노부부가 자식들과 따로 살고 있는데 너무 연세가 드셔서 밥해 먹고 집안일 하기가 힘에 부친다고 했다. 그래서 그 노인네들 밥해 줄 아주머니를 찾는데 한달 급료는 50만 원.

말하자면 파출부 아줌마를 구하는 거였다. 그런데 엄마가 그걸 하시고 싶다는 것이었다. 그때 무슨 일론가 우리 남매들이 다 모였는데 엄마가 그런 말씀을 하시며 우리의 의견을 물으셨다

내 동생들은 펄펄 뛰며 말렸다.

"엄마가 왜 남의 집에 가서 부엌일을 해? 엄마가 할머니인테 누구를 도와주냐고? 우리가 돈 줄 테니까 가지마. 쪽팔리게 왜 남의 집 일을 한다고 해?"

"그것이 뭣이 쪽팔려? 놀믄 뭣허냐? 그렇게 일헐 수 이스믄 좋은 것이제."

"엄마, 허리도 안 좋잖어?"

"쎈 일 아니고 가만가만 허는 집안 일은 헐 수 있어야. 공짜로 봉사도 허는디, 돈 받고 노인네 보살펴 주믄 서로 좋은 것 아니냐?"

"아, 됐어. 하지마. 그런 일을 왜 엄마가 해?"

"나는 돈도 벌고 안 심심허고 좋겄고만…."

엄마와 동생들이 주고받는 얘기를 나는 옆에서 가만히 듣고 있었다. 동생들이 말도 안되는 소리 하지도 말라는 식으로 펄펄 뛰며 난리를 치니 엄마는 아쉬워 죽겠다는 표정이었다. 그때 내가 끼어들었다.

"엄마, 그 일이 그렇게 하고 싶어?"

"응, 그냥 집에 멍 허니 앉어서 너그들이 주는 돈이나 받어서 쓰믄 뭣허냐? 나도 조금씩 움직이믄 안 심심허고…. 돈도 벌고…."

"안 힘들겠어?"

"쎈일 아니여. 그냥 힘없는 노인네들 밥만 히주믄 된다드만…. 며느리랑 딸들이 옆에 살어서 왔다갔다 헌대여. 그냥 나는 밥히서 노인네들 드리고, 집안일이나 조께씩 허고. 야, 그리고 내가 언제 돈 벌어봤냐? 나도 돈벌어 보고잡다."

"그럼… 해. 엄마가 할 수 있겠다 싶으니 하겠다고 하는 거잖아. 한 번 해봐."

나는 엄마편이 되어서 해보라고 했다. 동생들은 누나가 더 말릴 줄 알았는데 왜 그러냐며 따지듯 물었다. 그러나 나는 동생들에게 그렇게 말했다.

"우리가 엄마한테 해줄 수 있는 게 뭐가 있냐? 그저 용돈 몇 푼 보내드리는 거, 1년에 몇 번 와서 보고 가는 거, 그거 말고 뭘 해드릴 수 있냐? 엄마는 심심하고 외롭다. 말동무도 필요하시고, 또 무엇보다도 어떤 사명감이 있으면 엄마가 더 힘이 나서 사실 거 아니냐, 또, 엄마가 건강이 허락해서 그렇게 일을 하실 수 있다는 게 좋은 일 아니냐? 그러니 하게 해드리자."

동생들은 마지못해 나와 뜻을 같이했다. 힘들면 언제든지 그만두라는 말을 신신당부하면서….

그렇게 엄마는 그 노인네들의 집에 다니시며 일을 하셨다. 솔직히 엄마도 그리 건강한 편은 아니셨기에 조금 하시다 말 줄 알았는데 거의 1년 가까이 그 일을 하셨다. 내가 힘들지 않냐고 하면 힘들어도 좋다고, 노인네들이 엄마만 기다리고 엄마가 뭘 해드리면 잘 드시고

좋아하셔서서 재밌다고 하셨다.

엄마는 재밌게, 또 신나서 허리가 아파도 의료기에 의존하시기도 하고, 뜨거운 방바닥에 허리를 지지기도 하시면서 열심히 그 일을 하셨다. 50만원 씩 월급을 타는 재미도 좋아서 그걸로 작은 적금도 들으셨다며 자랑도 했다.

그러나 엄마가 좋아하시는 것과는 달리 나는 점점 그 일이 싫어졌다. 가끔 친정에 가면 엄마가 집에 없는 것이 싫었다. 내가 가면 내 옆에 착 달라붙어서 "아가 뭐해 주까? 뭐 먹을래?" 하던 엄마가 아침이면 나가서서 밤이 돼야 돌아오셨고, 그날 그 집에서 한 일을 말씀하시다 보면 90이 다 된 할머니 할아버지 씻겨드린 얘기 같은 걸 하시는데 나는 그런 게 싫었다.

"뭐? 아무리 90이라지만 남자를 엄마가 씻겼다고?"

"괜찮혀, 노인네 불쌍허드라. 90이 다 돼버리서 남자 아녀, 다 오그라 올라붙어서.… 아이고 남자 아니여, 그냥 우리 아버지 같은 맘만 먹히더라."

"그래도 나 너무 싫다. 그런 거 하지마 엄마."

"나는 좋은디, 내가 그 양반들 그렇게라도 건사 안허믄 불쌍히야."

"엄마 몸이나 건사해."

"나는 거그 다닌게 오히려 힘든지 모르겄어야. 내가 아픈 저 양반들 어쩌나 싶은게 더 잘 먹고 내 몸 잘 챙긴다."

엄마의 그런 마음 모르는 바는 아니어서 좀 싫고 못마땅해도 참았는데 결정적으로 싫어하게 된 것은….

내가 가끔 정읍에 내려가면 사람들이 나를 붙잡고 그 얘기를 하는 것이었다. 딸이 출세(?)했는데 왜 엄마를 남의 집 일 보내냐는 둥, 아무리 엄마가 좋아서 하는 일이라지만 효녀딸이 왜 엄마 고생하는 걸 보고만 있냐는 둥…. 주변에서 그러면서부터 엄마가 그런 일을 하시러 다니는 게 너무 창피한 생각이 들기 시작한 것이다. 그래서 나는 엄마에게 다니지 마시라고 했다.

그러나 변한 건 나뿐 아니라 엄마도 변해 있었다. 처음, 그 일을 시작하기 전에 우리에게 의견을 물으실 때는 우리의 의사에 전적으로 따르겠다는 엄마의 모습과는 달리, 이번에는 강력히 자기주장을 하셨다.

"엄마, 나 창피해 죽겠다. 내 체면도 있잖아, 그러니까 이제 그런

일 하지마."

"그믄, 그 노인네들 어쩌라고? 나 없으믄 그 양반들 밥도 못히먹고…. 안돼야, 죽어."

"아들며느리랑, 딸들이 주위에 산다며?"

"살아도 다 사정이 있응게 그렇게 노인네들만 사는 거 아니겄냐? 나 그 양반들 죽을 때까지는 그집 일 헐란다."

"딸 체면도 있는 거잖어, 하지마."

"야, 너 잘난 것은 잘난 것이고, 내 일은 내 일이다, 딸 잘났다고 나 허고 잪은 일도 못허고 사냐?"

"엄마…."

"알어, 근디…. 우리 딸이 잘났응게 나 그 일도 떳떳허게 재밌게 헌다, 니가 못나고 내 자식들이 자식노릇 못허는디 내가 그일 허믄 내 신세도 처량허고 나도 슬프제. 근디 그것이 아닌게 더 떳떳허고 재밌어."

"그건 엄마 생각이지, 사람들이 얼마나 나를 욕하겠어. 그러니까 하지마."

"너 욕허는 사람 없어. 너는 소문난 효녀여. 내가 좋아서 허는 일이고, 내가 다 봉사헌다고 생각허지 자식들 못나서 나 고생헌다고 생각허는 사람 없응게 염려 붙들어 매라."

"아휴, 내가 못살아 진짜. 하지 말라면 하지마. 나 쪽팔려 죽겠단 말이야."

"니 체면에 먹칠 안혀, 그리고 내가 좋아서 허는 일인디 니가 왜 허라 마라여? 니가 나 돈 좀 준다고 나도 니맘대로 조종히야 헌다고 생각허냐?"

"몰라 몰라, 엄마가 그집일 다니면 나는 다시는 친정에 안올 거야. 나 보고 싶으면 엄마가 오든지 말든지 알아서 해. 쪽팔리게 딸 체면도 있지 그게 뭐야? 안와. 엄마 그집 일 그만 두기 전에는 다시는 엄마 보러 안와."

엄마와 나는 그렇게 다투었다.

그리고 며칠 후 엄마에게 전화가 왔다.

"니가 그렇게 싫어허는디 내가 허든 뭣헐 것이냐? 그래서 나 그 집 일 그만 다닐라고…. 며느리가 노인네 모셔가기로 했다."

나는 잘했다며 좋아했지만 엄마는 매우 섭섭해 하는 거 같았다.

그 후 나는 정말 엄마가 그집 일을 그만 두었나 안두었나 친정에

전화를 해서 확인해 보면 엄마가 집에서 전화를 받으셨다. 거짓말이 아니라 확실히 일을 그만 두셨다는 증거였다. 나는 안심했고, 엄마가 심심하실까봐 더 자주 전화를 했다.

그렇게 한 달쯤 지났을까. 낮에 내가 전화를 하면 엄마가 또 안 받기 시작했다. 그래서 밤에 다시 전화를 해서 확인하면 놀러갔다 왔다는 것이다.

처음에는 그 말을 믿었는데 차츰 이상한 생각이 들었다. 그래서 다그쳐 물으니 엄마의 대답이 다시 그 집에 일을 간다는 것이었다.

"내가 다니지 말라고 했지? 내가 창피하다고 했지?"

"야야, 그 집 며느리도 불쌍허고, 노인네들도 불쌍히야. 도저히 같이 못살고, 메칠도 못돼서 다시 분가를 했다는디 내가 안봐주믄 누가 봐주냐?"

"엄마는 그집 사람들만 불쌍하고 나는 안 불쌍해? 엄마가 그집 식모살이 한다고 하면 사람들이 얼마나 나한테 손가락질을 하겠어?"

"안 그려, 그러는 사람 없어야. 그리고 노인네들 안됐잖냐? 나만 찾는단다. 내가 조께 잘히준게…. 나는 나만 찾는다는 소리 들응게 반갑고 고맙더라야."

"아, 몰라. 당장 그만둬. 안그러면 나 정읍 집에는 가지도 않을 거고 엄마한테는 전화도 안할 거야."

"지랄허네 작것, 니가 명령허냐? 사람이 맘을 크게 써야지 그러는 거 아녀. 이년아, 올라믄 오고 말라믄 말어. 나는 거그 다녀야겄응게."

"엄마 진짜….."

"왜 니가 내 일까지 참견이여. 잘나믄 니가 잘났제, 내가 잘났냐? 잘난 니가 헐 일이 있는 것이고, 못난 나는 내가 헐 일이 있는 것인디…. 왜 그려? 내가 좋다는디? 니 맘대로 혀. 니가 협박헌다고 내가 언제까지나 벌벌 떨지 알았어? 미친년, 니 맘대로 히라 이년아."

그래서 엄마랑 나는 지금 냉전중이다. 일주일 넘게 전화도 안했다. 엄마도 내게 전화를 안하신다. 많이 화가 나셨나 보다.

가끔 전화로 다투면 늘 엄마가 먼저 전화해서 화해의 제스처를 하셨는데 이번에는 전화를 안하신다. 내가 몇 번 친정집에 낮에 전화를 했었는데 안받는 걸 보니 엄마는 그 집에 일을 가셨나보다.

밤에 전화를 하면 엄마가 받을 텐데 나는 밤에는 전화를 하지 않는다. 아니 할 용기가 없다. 궁금하고 엄마 목소리 듣고 싶어서 전화를 하고 싶은데 전화 걸 용기가 없다. 그래서 엄마에게서 전화가 오

기만을 기다린다.

그런데 전화가 안온다. 엄마도 내 맘 같을까? 그래서 전화를 못 걸고 계신 걸까? 우리 엄마 이런 엄마 아니었는데….

딸이라면 껌벅 죽는 엄마였는데 이번에는 왜 이렇게 강하게 나오시지? 내가 정말 잘못한 건가? 내가 너무 이기주의인가?

엄마도 엄마의 인생이 있고, 엄마가 생각하는 행복의 가치가 있는데 너무 내 가치로만 엄마를 꿰맞추려고 한 건가? 잘난 딸의 파출부 엄마?

평생 돈을 벌어보지 못한 엄마. 아버지가 살아계실 땐 아버지 그늘에서 살았고, 아버지가 돌아가신 후에는 자식들이 조금씩 생활비를 보내드렸다.

그런데 엄마에게도 일을 해서 돈을 벌 수 있는 기회가 왔다. 자식인 우리가 생각하기엔 하찮은 일이지만 엄마가 생각하시기엔 엄마에게 딱 맞는 일이라고 생각하시는 거 같다.

봉사도 하는 마당에 돈까지 벌 수 있다니…. 엄마는 너무나 감사한 마음으로 그 일을 시작하셨고, 하다 보니 그 노인네들과 정이 들고 불쌍한 맘이 들어 더 잘 돌보시고, 당신에게 할 수 있는 일이 생겼다는 즐거움으로 매일매일 힘은 들어도 즐거우시다고 했었다.

그런데 나는 내 체면에 먹칠을 하는 거라고 하지 말라고 우겨댔다. 그렇게 우기면 엄마가 알아듣고 안하실 줄 알았는데….

엄마는 정말 그 일을 좋아하시나 보다. 잘난 딸은 그게 싫은데.

엄마는 딸이 엄마를 보러 가지 않겠다는 초강력 협박을 했는데도 끄덕도 안하신다. 잘난 딸은 그러면 넘어오실 줄 알았는데….

엄마는 딸의 이기주의가 괘씸하신가 보다. 잘난 딸은 사실… 엄마의 허리 아픈 것을 더 걱정하는데….

엄마는 일주일이 넘게 전화도 안하신다. 잘난 딸은 매일매일 엄마의 전화를 기다리고 있는데….

엄마는 어쩌면 나의 전화를 밤마다 기다리고 계신지도 모른다. 잘난 딸은 너무나 미안해서 전화할 용기가 없는데….

그래서 지금, 엄마와 나는 냉전중이다. 서로, 먼저 화해를 청해주기를 간절히 기다리며.

엄마와 딸의 나쁜 버릇

　나는 아주 나쁜 버릇이 있다. 뭐든 보면 냄새를 맡는 버릇이 바로 그것이다.

　나이가 들면서는 내가 많이 조심하고 주의를 해서 좋아지긴 했지만 그 버릇을 아주 고치진 못했고, 또… 혼자 있을 땐 더욱 그 증세가 심하다.

　특히 음식을 냄새 맡는 건 자칫 음식을 준비한 사람에게 실례일 수도 있고, 또 사람이 천박해 보이는 일인데도 나는 음식을 보면 냄새를 맡는다. 심지어는 과일도 냄새를 맡는다.

　사람들은 그게 안좋은 버릇이라고 그러지 말라고 나에게 많은 주의를 줬다. 그런데… 그런데… 나는 냄새 맡는 게 좋다. 그리고, 냄새가 없는 것, 향기가 없는 것은 싫다.

과일만 해도 그렇다. 달고 시원한 수박의 맛을 좋아하기도 하지만 수박에 칼을 대고 잘랐을 때 수박의 쩍 갈라지는 소리와 함께 은은하게 퍼지는 그 향기가 나는 너무 좋다. 그 신선하고 달짝지근한 수박 향기….

내가 그렇게 냄새 맡는 걸 좋아하다 보니 남편은 가끔 나에게 음식을 코로 한 번, 입으로 한 번, 두 번 먹는 사람이라고 한다.

나는 사람냄새도 좋아한다. 사람에게 무슨 냄새가 있냐고, 향수 냄새 아니냐고 할지도 모르지만, 아니다 사람냄새가 있다.

남편이 밤에 샤워하고 나오면 비누냄새에 섞인 남편의 냄새. 우리 아들을 안았을 때 아들냄새, 우리 딸이 살랑살랑 내 곁을 지나다닐 때 언뜻언뜻 나는 우리 딸냄새. 분명 그들만의 냄새가 있다.

또 고향의 냄새도 있다. 엄마가 해주는 음식에서는 특유의 냄새가 난다. 그냥 기분이 그런 게 아니라 엄마가 해보내시는 음식은 냄새부터가 다르다.

나는 가끔 친정집에 가서도 반찬을 먹으면서 '이거 엄마가 안했지?' 하고 엄마가 안 만들고 옆집에서 가져온 그런 음식은 금방 가려

낸다. 물론 맛으로도 가려내지만 나는 냄새로도 알 거 같다.

　이렇게 나는 냄새에 민감하다. 그냥 내 후각에 느껴지는 그 냄새들을 느끼는 것이 좋다. 그리고 그 냄새로 뭔가를 상상하는 것도 기분 좋다. 풀냄새도 좋고, 이불호청 냄새도 좋고, 책 냄새, 쌀 냄새….

　물론 싫은 냄새도 있다. 하지만 분명히 내가 다른 사람에 비해 냄새에 좀 예민한 반응을 보이는 건 사실인 거 같다. 사람들이 나에게 나쁜 버릇이라고 하지만 어쩔 수 없다.

　그런데 내가 좋아하는 우리 엄마에게도 나쁜 버릇이 하나 있다. 그건 바로 나의 물건을 탐내는 것이다.

　내가 내 밥벌이를 시작하고 나서부터 엄마는 그저 내가 쓰는 물건들이 좋아보이나 보다. 내가 친정에 내려가면 내가 입은 옷을 찬찬히 쳐다보며 말씀하신다.

　"이쁘다, 이런 옷은 비싸겄제?"

　"별로 안 비싸."

　"비싸겄고만…. 값도 값이지만 서울인게 이런 옷도 있제 정읍에는 이런 옷 살래도 없어. 아따 멋지고 이쁘네."

　"(사이즈가 안맞는다는 걸 알기에 그냥 건성으로) 엄마 한 번 입어 볼래?"

"(기다렸다는 듯) 응."

"안맞을 텐데…?"

"아녀, 나 보기보다 작게 입어야. 나 살 안쪘어. 홀쭉혀."

"(마지못해) 그래 입어봐."

내가 마지못해 옷을 벗어놓으면 기다렸다는 듯이 얼른 옷을 받아서 입어본다. 그러나 내 옷이 엄마에게 맞을 리가 없다.

나는 그냥 표준체형이고, 엄마는 뚱뚱하지는 않지만 둥글둥글 나온 배와 적당히 펑퍼짐한 엉덩이. 전형적인 60대 아줌마 체형인데 나의 옷을 입는다는 건… 누가 봐도 눈짐작으로도 안맞았다.

그런데도 엄마는 기어이 나의 옷을 입어보신다. 역시나 안맞는다. 그러나 엄마는 작은 옷을 억지로 입은 다음에 이렇게 말씀하신다.

"아따, 쬐게 작네. 한 두어끼만 굶으믄 입겄고만."

"엄마, 안맞어. 내가 다음에 더 좋은 옷 사다주께."

"아녀, 이거 맞어. 내가 요새 쫌 피곤허드만 몸이 부었는갑다. 이거 나 맞는 옷이여."

"엄마, 욕심을 낼 걸 내. 그 옷 작잖어."

"요새는 늙으나 젊으나 옷 크게 안입드만. 딱 달라붙게 입드라야."

"에휴… 그럼 엄마 그 옷 입을래?"

"줌사 입제. 아조 색깔도 좋고 내가 좋아허는 스타일이네."

"그럼 엄마 입어."

"그러까? 너는 서울가믄 옷 많제? 나 이 옷 하나 줘도 입을 거 수두룩허제? 그믄 나 이거 입어도 쓰까?"

"입어."

"(입은 옷 보며 좋아서) 아따 또 동네여자들 난리나겄네. 맨날 나보고 어디서 이런 이쁜 옷을 사 입었냐고 허믄 내가 우리 딸이 사줬다고 허거든. 그믄 그냥 다들 이쁘다고 난리다. 낼모레 전주 곗방에 갈 때 이놈 입고 가야제. 아따 참 이쁘고 좋네. 곗방 여자들, 내가 이놈 우리 딸이 사줬다고 허믄 또 서로 입어볼라고 난릴 것이여. 근디 이거 얼마줬냐? 여자들이 물어보믄 말히주게."

"몰라, 기억 안나."

"싼 것은 아닐 것이여. 우리 딸이 싼 거 입간디…. 여자들이 딱— 보믄 알겄지, 아따 나 자랑거리 하나 생겼네."

내가 입고 간 옷을 벗겨서 맞지도 않는 옷을 입고 좋아하는 엄마. 그래서 나는 티셔츠며 점퍼는 물론이고, 양산이며 스카프도 여러 개 뺏겼다.

어쩔 것인가, 내 코 앞에서 '좋다', '멋지다' 하며 쳐다보고 계시고, 입어보고 둘러보는데 안줄 수가 없다.

그렇게 내 것이라면 무조건 좋아보여서 욕심을 내는 엄마이기에 웃지 못할 일들도 종종 생긴다.

한 번은 누군가에게 선물 받은 명품 실크스카프를 하고 갔더니 하도 이쁘다고 하는 바람에 좀 아까운 마음은 들었지만 엄마에게 풀어주고 왔다.

얼마 후 엄마가 밑반찬을 해오신다기에 영등포역에 나갔던 나는 깜짝 놀랐다. 우리 엄마가 반찬통들을 그 명품 실크스카프에 꽁꽁 싸서 이고 오시는 거였다. 내가 깜짝 놀라서 "엄마, 이게 뭐야? 이 스카프가 얼마나 비싼 건데…."

"야야, 그거 색깔만 곱지 미끄러서 못허겄드라. 네모 빤뜻허니 보자기로 쓴게 딱 좋드만 뭐."

또 한 번은 서울 우리집에 오셔서 이런 일도 있었다. 연세는 드셨어도 엄마도 여자인지라 내 화장대에 관심이 참 많으시다. 내가 때때 맞춰 화장품을 잘 사다드리는데도 우리집에 오시면 그렇게 화장품에 관심을 보이신다.

나는 색조화장을 안하고 기초화장만 하는데 그래서 기초화장품을 좀 신경 써서 고르기도 하고, 여러 가지를 좀 꼼꼼히 바른다. 엄마도 그걸 아시는지라 내가 쓰는 건 다 쓰고 싶어하신다.

그러던 어느날, 내가 외출에서 돌아와 보니 현관문을 열어주시는 엄마의 얼굴이 번들번들 이상한 것이다.

"엄마, 또 내 화장품 발랐구나?"

"응, 쪼께…. 세수허고 난게 땡겨서…."

"근데 대체 뭘 발랐길래 얼굴이 그래?"

"아이고 니꺼 고급화장품을 쓴게 쪼께 피부가 놀랬는갑만, 괜찮혀."

"아니, 엄마 얼굴이 이상한데…."

"너도 없고 허길래 내가 맘놓고 니껏 좀 발랐다. 어쩔래? 아따 딸 것 발를래도 눈치보이네."

"누가 발랐다고 뭐래? 잘했어. 근데 뭘 발랐길래 엄마 얼굴이 그렇게 번들거리냐고?"

"니꺼 영양크림 좀 발랐더니 이러네."

"이상하네, 내 화장품 중에는 그렇게 유분기 많은 게 없는데…. 뭐 발랐어? 어떤 거?"

"이거…."

"엥? 이게 영양크림이라고 발랐어?"

"그거 영양크림 아녀?"

엄마가 영양크림인 줄 알고 바른 것은 립글로스였다. 그 립글로스는 누가 외국여행 갔다오면서 사다 준 것인데 우리나라처럼 스틱형이나 튜브형이 아니라 영양크림처럼 작은 통에 들어있는 립글로스였다. 통만 보고 영양크림인 줄 알고 립글로스를 얼굴에 잔뜩 바른 우리 엄마.

내가 기가 막혀서 웃으며 '엄마땜에 못산다'는 내 십팔번을 내뱉자 엄마는 그 타고난 낙천성과 유머로 깔깔깔 웃으시면서 하시는 말씀이 "아따, 도둑질도 몰라서 못히먹겄네. 아, 딸이라도 딸것 쓸라믄 어렵기는 허제 화장대 위에 있는 화장품 졸졸이 있는 것 본께 나도 여자라고 발라보고는 싶제…. 그리서 너 없을 때 맘놓고 이놈저

선물

놈 다 발라봤더니만 입술에 바르는 것을 얼굴에다 다 처발라 버렸어야? 아따 나도 못살겄네."

그렇게 그저 내 물건이라면 다 좋아 보인다시며 욕심을 내시는 엄마. 그것이 못마땅하기도 했었고, 또 언제부턴가는 그런 엄마가 안쓰러우면서도 이해가 되어서 내가 많이 양보했었다.

그래서 지금도 정읍 친정에 가면 곳곳에 내 물건이 많다. 가방, 양산, 스카프, 화장품…. 특히 내가 입던 옷들이 지금 우리집보다 친정집에 더 많을 정도다. 엄마가 내 옷을 욕심 내서 벗어준 것도 있지만 내가 입다가 작아지거나 입기 싫어져서 누구 주라고 내려보낸 옷들도 엄마는 아무에게도 주지 않고 친정집에 다 놔두신다.

그러다가 내가 가끔 한 번씩 내려가면 그 헌옷들을 내놓으며 입으라고 하신다. 내가 누구 줘버리든지 태워버리지 왜 이런 옷들을 가지고 계시냐고 하면 그냥 좋아서 그런다고 하셨다.

허리디스크를 오래 앓아 구부러진 허리에 머리가 허연 노인네가 내가 사준 옷도 많으련만 꼭 내가 전에 입던 축 늘어지거나 알록달록한 것들을 입고 계시는 걸 보면 웃음이 나와서 '엄마 흰머리 소녀야? 옷은 20대인데 몸은 60대네?' 하며 놀리면 마음은 10대라며 엄마는 한술 더 뜨신다.

그렇게 내가 예전에 입던 낡은 옷도 안버리고 놔두고는 때때마다 꺼내입는 엄마. 자식입장에서야 민망하고 속상해서 그러지 말라고 하지만 엄마가 좋아서 그러신다는 걸 어쩌겠는가?

내가 그런 엄마를 보며 엄마 땜에 못산다고 하면 그저 빙그레 웃고 마시는 것을….

그러나 언젠가 나는 우리 엄마가 그 옷들을 못버리는 진짜 이유를 알게 되었다. 엄마가 구질구질하게 왜 그렇게 낡은 옷들을 못버리고 그 옷들을 입고 동네 마을도 다니시고, 시장도 다니시고 그랬는지 어렴풋이나마 짐작 할 수 있게 된 일이 있었다.

서울예대(서울예전)는 참 끼 많은 아이들이 많이 다니는 학교였고, 경제적으로도 감성적으로도, 끼나 자유로움이나… 뭐든 풍족한 학교였던 거 같다.

내가 그 학교에 입학을 하게 되었을 때 친척 중 누군가가 입학선물로 꽤 좋은 청바지를 하나 사줬다. 나는 서울예전을 다니는 2년 동안 그 청바지 하나로 버텼다.

토요일이면 그 청바지를 손으로 박박 문질러 빨아서 월요일 아침에는 그걸 입고 학교에 갔다. 그렇게 2년을 그 청바지 하나로 봄, 여름, 가을, 겨울을 지냈고, 티셔츠는 계절별로 몇 벌 있었던 거 같다.

그 몇 벌의 티셔츠 중 알록달록한 티셔츠 하나를 엄마가 아직도 안 버리고 즐겨 입으시는 게 있다. 언젠가 내가 그 티셔츠를 입은 엄마를 보고 하도 민망해서 짜증을 낸 적이 있었다.

"엄마, 너무 나이에 안맞게 의상설정을 한 거 아냐? 그거 내가 대학 때 입은 거다. 엄마 나이가 몇인데…."

"암, 알제. 이웃 우리딸 대학댕길 때 입었제. 그때 참 이뻤는디…. 어찌냐? 내가 입어도 이쁘냐?"

"구질구질하게…그런 옷 입지마, 목도 다 늘어나고…색깔도 다 바랬다. 내가 옷 좀 사 주까?"

"내가 이 옷 젤로 좋아허는 옷인디…. 너 이놈 입고 서울서 내려와서 엄마 부름서 대문 들어서믄… 아따 온 집안이 다 환했어야. 우리 딸, 그때 징그럽게 이뻤는디."

"그때가 언제라고… 버려. 거지도 아니고 그 옷이 뭐야?"

"그리도 나는 이웃이 좋다, 니가 이웃…이웃 입고 대학 댕겼잖여. 돈 없어서 옷도 못사준게 옷사도란 말도 못허고 이놈만 죽으라

280

고 입고 대학댕김서 서울애들한테 안지고 공부했잖여.

내가 너한테 서울애들은 옷도 잘 입고 다닐 텐디 너는 옷이 없어서 어쩌냐고 헌게 니가 '엄마, 그런 소리마소. 내가 옷사주라고 허믄 아부지가 학비도 비싼디 옷사도라고 헌다고 학교댕기지 말라고 허믄 어쩌냐 고 험서… 니가 그랬잖여."

"몰라, 난 기억도 안나."

"내새끼 눈물로 입고 다닌 이옷이 나는 그렇게 고맙고 기특허다. 너도 알다시피 넘들 4년 다니는 대학 너는 2년 다녔다만 우리 형편에 갈칠 것을 갈쳤냐? 하도 니가 잘나 갖고 어쩔 수 없이… 너도 고생했지만 우리 식구들도 너 대학 보내놓고 고생 말도 못허게 했다."

"알아… 다 알아."

"내가 너 요새 돈 잘 번다고 이옷 저옷 막 사입는 거 같어도 나 잔소리 안헌. 너 능력있어서 니가 벌어서 사입는 거 뭐라고 허겄냐? 너 대학댕길 때 못입고, 못먹고 공부만 헌 생각허믄…."

"……."

"나는 이옷이 좋아. 너 생각날 때마다 나는 이옷 찾어 입는다. 일 헐 때도 이놈 입고 허믄 얼마나 편헌지 몰라야. 그리고 잠 안올 때도 이놈 입고 있으믄 편해 갖고 잠도 잘 와."

"청승떨지 말고 버려, 그게 뭐야? 내가 더 좋은 거 사주께."

"미친년…이옷을 내가 왜 좋아허는지 아냐? 이옷에서는 니 냄새가 나야. 거참 희한허지. 빨어도 빨어도 이옷에서는 니 냄새가 나. 그래서 나는 이옷이 좋아, 우리 딸 냄새 난게."

나는 뭐든 냄새를 맡는 나쁜 버릇이 있다. 그런데 그 버릇이 우리 엄마에게 유전된 것인가 보다.

발음이 문제랑게

　우리 엄마는 이상하게도 이름에 매우 많은 의미를 두는 사람이다. '고윤미' 였던 내 이름을 '고혜정' 으로 바꾼 사연이나, '노진예' 였던 당신의 이름을 '노지예' 로 바꿔서 지금도 그 시골동네에서는 '노지예' 여사로 행세하시는 우리 엄마의 사연을 알 만한 사람들은 이제 어지간히 알 것이다.

　이상하게 남의 이름도 처음 들으면 계속 음미해 보시기도 하고, 갓 태어난 아기 이름 가지고도 이러고저러고 하시는 우리 엄마.

　한 번은 우리 먼 친척이 딸을 낳아 이름을 '소라' 라고 지었다고 하자 대뜸 하신다는 말씀이, "뭔 사람 이름을 소라라고 짓는다냐? 차라리 고동이라고 짓제? 이름도 참 우습게도 지었다" 이러질 않나. 어느집 딸 이름이 '꼭지'라고 하니까 또 대뜸 하신다는 소리가 "뭔 꼭지여? 젖꼭지여? 수도꼭지여?" 해서서 웃음바다를 만드셨다.

　엄마의 그런 유머와 낙천성이 그 힘든 엄마의 인생도 늘 활기차게 했을 것이고, 자식들인 우리에게도 좋은 본보기가 되기도 했던 거 같다.

　또 어디를 가나, 엄마의 그 유쾌함과 친근감 때문에 환영을 받기도 했던 엄마. 우리 집안에서도 엄마의 그런 밝은 성격과 인정스러움 때문에 친척들이 엄마를 좋아하기도 했고, 무슨 일이 있을 때는 상의를 하기도 했다. 학교공부는 제대로 못하셨지만 엄마는 나름대로 공평했으며, 양심적이고 지혜로웠기에 친척들 사이에서는 신임도 있었다.

　친척들간의 엄마에 대한 신의와 엄마 특유의 이름에 대한 선입견 때문에 생겼던 일이 또 있었으니….

　우리 고종사촌 오빠, 그러니까 고모의 아들이다. 그 오빠가 나이가 마흔이 넘도록 장가를 못들고 있었다. 농촌총각들 장가 못가고 그렇게 있는 것이 요즘은 사회적인 문제이기도 하듯 나에게도 먼 얘기는 아니었다.

성실하고 사람 좋은 오빠였지만 장가를 못들고 그렇게 마흔을 넘기게 되었다. 그러니 고모는 앉으면 한숨이요, 친척들이 모여도 대책도 없이 그저 걱정만 하고, 시대를 원망하고, 속 못차린(?) 애꿎은 치녀들만 욕을 먹었다.

그러다가 결국은 외국여자와 결혼하는 얘기까지 나오게 되었다. 나이 마흔이 넘도록 혼자인 오빠를 끝까지 짚신도 짝이 있다며 혼자 늙히며 기다릴 수도 없었고, 요즘 젊은 아가씨들은 농촌으로 시집가기를 꺼린다고 하니 어쩔 수 없는 결정이었던 거 같다.

그래서 이리저리하여 결국 필리핀 여자와 결혼을 하게 되었다. 그러니 그 사건은 우리 집안의 화제가 되어 입에서 입으로 전해졌다. 말로만 듣던 외국여자와 농촌총각의 결혼이 우리 집안에서도 이뤄지게 된 것이니 이 사건은 충분히 우리 집안의 화젯거리가 될 만했다.

또 고모와 엄마는 사이가 좋았기에 늘 서로 상의를 했고, 그래서 고모네 집안일은 엄마가 다른 친척들에 비해 소상히 알고 있었다. 그러니 그 화젯거리는 고모네집과 여러 친척들을 사이에 두고 비교적 고모네집 사정에 밝은 엄마의 입을 통해 알려지게 되는 거였다.

내가 친정 나들이를 갔던 날. 엄마와 앉아서 이런저런 얘기를 하다가 고종사촌 오빠의 결혼에 대해서 물었고, 엄마는 아주 이쁘고 참한 아가씨가 와서 걱정을 덜었다고 했다. 그런데 외국여자랑 결혼을 하니 어떻게 불러야 될지를 몰라서 다들 난감해 한다고 했다.

"아니, 그게 뭐 난감해? 질부라고 부르는 거 아닌가?"

"아녀, 우리말을 모른게… 여보라고 히도 모르고, 질부라고 히도 모르고, 에미야 라고 히도 모르고… 아따 그것참… 어렵데."

"어머, 말이 다르니까 그렇구나. 그럼 어떻게 해?"

"근게 이름을 부르라고 허데, 그 나라는 질부고 뭣이고 없이 다 이름 부른담서? 그 아가씨도 아무리 우리말 몰라도 지 이름은 알잖여. 그리서 우리 다 그 아가씨 이름 부른다."

"그래? 이름이 뭔데?"

"조술레."

"조술례?"

"응, 이름 좋지야."

"아니 필리핀 여자라면서 왜 이름은 그렇게 한국적이야?"

"밀이 인통힌게 지세한 것은 모르제. 근디 내 생각에는 한국으로 시집온다고 이름도 부르기 좋게 한국이름으로 바꿔서 왔는가벼."

"어머, 그랬구나. 근데 이름이 좀 촌스럽다."

"부르기 좋제 뭘 그려? 그래서 내가 친척들한테 다 그 질부이름이 조술례인게 조술례라고 부르라고 말히줬다. 다들 이름 좋다고 허드라야. 아따 근디 그것이 우리가 좀 다정시럽게 불를라고 '술례야' 이러면 못들은 척허고, 어떤 때는 막 뭐라고 히쌈서 막 지랄헌다."

"어머, 왜?"

"몰라야, 우리가 '술례야—' 허믄 들은 척도 안허고, 성까지 붙여서 '조술례' 이렇게 불러야 저 부른지 알고 쳐다본당게."

"그래? 어쨌든 잘됐다. 말이야 차츰 배우면 되는 거고 오빠랑 잘 살면 되지 뭐."

그후 나도 그 필리핀에서 시집온 조술례 언니를 몇 번 만났다. 그리고 엄마한테 들은 얘기도 있고 해서 꼭 성까지 붙여서 '조술례, 조술례' 이렇게 꼬박꼬박 부르며 짧은 영어로 몇 마디씩 하기도 하고 했었다.

예식장이나 친척집 행사에서 가끔 만나기도 하는데 우리 친척들은 늙으나, 젊으나, 나이 어린애들이나 그 필리핀에서 온 올케에게 다 '조술례, 조술례' 하며 이름을 불렀다.

친척들간에 신임 좋은 우리 엄마가 그녀는 그 나라식으로 이름을 불러줘야 되고 그녀의 이름은 조술례라고 또박또박 알려줬으니 친척들은 실수하지 않으려고 조심하며 이방인을 우리 식구로 만들기 위해 다정스럽게 그 '조술례'를 불러댔던 것이다.

우리 엄마의 공이 참 컸다.

그러나 얼마 후 나는 황당한 사실을 알게 되었다. 우리 집안의 관심, 필리핀에서 시집온 그 올케의 이름을 확실히 알게 된 것이다.

친척들이 다정히 성을 빼고 이름만 불러주려 해도 그녀가 들은 척도 안했던 이유도 알게 되었다. 우리가 그렇게 다정히 불렀던 조술례, 그것은 그녀의 이름이 아니었던 것이다.

한국에 시집온다고 한국식으로 이름을 바꿔왔을 거라는 것도 우리 엄마의 생각이었지 전혀 근거가 없었다.

그 필리핀에서 시집을 온 올케의 이름은 '조술례'가 아닌… 바로 '조셀린'이었던 것이다. 그 필리핀 며느리는 낯선 사람들 앞에서 자신의 이름이 '조셀린'임을 몇 번이고 말했을 것이다.

그러나 영어발음에 약한 시골양반들은 그 말을 몇 번이고 '조술례'로 들었고, 우리 엄마는 또 친절히 그 조셀린이 조술례임을 친척들에게 알리고 그렇게 불러줄 것을 당부까지 하셨던 거다.

그러니 모두들 필리핀 며느리를 조술례로 부르기 시작했고 그 필리핀 아가씨도 낯선 사람들이 엉성한 발음으로 조술례라고 부르니 언뜻 듣기에는 조셸린으로 들렸을 것이다. 조셸린을 조술례로 부르다니….

그러니 이쪽 사람들이 다정하게 부른다고 성을 빼고 '술례야, 술례야' 했을 때 그녀는 전혀 낯선 이름이니 안들은 척… 아니 못들었겠지.

그 후 나는 그 올케를 조셸린이라고 부른다. 그러나 우리 엄마를 비롯한 시골의 우리 친척들은 아직도 그녀를 조술례라고 부른다. 한국에서 10년 가까이 살고 있는 우리 올케는 이제 조셸린이 아닌 조술례가 된 것이다.

이제는 제법 한국말도 할 줄 아는 그녀는 우리 엄마를 보면 '숙모'라고 부른단다. 그리고 제법 사투리도 잘한다고 했다.

아빠, 아버지

　우리 아버지는 버스 운전기사였다. 시골 부농의 8남매의 막내아들로 태어난 아버지는 다른 형제들은 다 많이 배웠는데 제일 막내인 우리 아버지만 학교를 제대로 못다니셨다.

　그 이유는 집안형편 때문이 아니라 너무나 공부가 하기 싫어서, 너무나 학교에 가기 싫어서 중학교를 다니다 중간에 그만 두셨다고 했다. 학교에 가는 것보다 머슴들하고 산으로 들로 뛰어다니며 노는 게 더 좋았고 힘없는 할머니에게 으름장을 놓아 곡간의 양식을 퍼내다 읍내 가서 맛있는 거 사먹고 노는 게 좋았단다.

　그렇게 맘대로 크던 아버지는 군대에 가게 되었고, 군에서 운전

을 배우셨다. 그리고 제대 후 사회에 나와서부터 돌아가실 때까지 운전을 업으로 삼고 사셨던 분이다.

    내가 어렸을 때 나는 아버지가 자랑스러웠다. 정읍에 버스가 몇 대 없을 때 우리 아버지는 그 버스의 기사였고, 어린 마음에 그게 대단하게 느껴졌다.

    지금은 그런 버스가 없지만, 옛날 내가 어렸을 적에는 버스 운전석 옆 중앙에 큼지막하게 엔진이 자리잡고 있었다. 아버지는 종종 우리 남매들을 거기에 앉혀 태우고 다니셨는데 그건 정말 다른 친구들이 너무나 부러워하는 일 중의 하나였다.

    자식들을 끔찍이도 이뻐하셨기에 그렇게 우리 남매를 버스 엔진에 앉혀 싣고 다니시며 맛있는 것도 사주시고, 아버지가 가시는 코스를 구경시켜 주시기도 했었다.

    어린 시절, 외동딸이라고 빨간 비닐구두를 사서 신겨주시고, 플라스틱인형을 사서 내손에 들려주시던 아버지. 그런 날이면 엄마가 아버지에게 돈을 헤프게 썼다며 잔소리를 했었는데 그때마다 아버지는 엄마의 말은 듣지도 않으시고 혼자 싱글벙글 웃으시며 곡명도 모르는 이상한 노래를 흥얼거리셨다.

어려서 몸이 약하기도 했고, 외동딸이라고 아버지가 나를 몹시 챙기고 사랑하셨던 같다. 아버지를 떠올릴 때면 잊혀지지 않는 몇 가지가 있다.

내가 초등학교 1학년 때 첫 소풍을 가게 되었다. 나는 진짜 신났다. 그때는 과자가 지금처럼 흔치도 않았지만 과자가 좀 생긴다 해도 어린 동생들과 항상 나눠 먹어야 했으니 늘 더 먹으려고 싸우고 울고 했었다.

엄마가 공평하게 과자봉지를 뜯어 몇 개씩 세어서 나눠주셨지만 그렇게 배급받아 먹는 과자는 간에 기별도 안 가고, 입맛만 버리는 식이었다.

그런데 소풍을 간다고 했다. 나만 학교를 다닐 때니 이젠 정말 나 혼자 다 먹어도 되는 거라고 생각했다. 기대되고 기대되는 소풍 날이었다.

내 맘대로, 나 혼자서 과자 좀 실컷 먹어보리라 생각했던 거 같다. 그리고 어떤 것들을 샀는지는 모르지만 나는 엄마가 싸주신 김밥과 삶은 달걀과 환타 한 병, 그리고 이거저거 과자 몇 봉지를 사서 빨간 가방에 넣어서 메고 학교로 갔다.

어린 마음에, 첨으로 내 몫의 과자를 잔뜩 가방에 넣고 가는 마음이 얼마나 행복하고 좋았겠는가? 교실에 가보니 친구들도 다 들떠 있었다.

나는 그 빨간 가방 안에 있는 과자들을 먹고 싶어서 참을 수가 없었다. 그래서 소풍도 가기 전에 친구들 몰래 살짝 교실을 빠져나왔다. 그리고 화단 앞에 쪼그려 앉아 아침 햇살을 받으며 내 보물창고인 빨간 가방을 열어 과자를 꺼내서 봉지를 이빨로 뜯었다.

그리고 혼자서 열심히 그 과자를 먹고 있었다. 그때 우리 아버지가…, 까만 기사복(30년 전, 그때는 기사복이 있었다)을 입은 우리 아버지가 나를 부르며 걸어오시는 모습이 보였다.

내가 좋아하며 뛰어가 안기자 아버지는 내게 뭔가를 내미셨다. 사탕이었다. 알록달록한 눈깔사탕, 콩사탕, 젤리… 여러 가지가 섞인 사탕 한움큼.

그때는 사탕이 지금처럼 공장에서 봉지에 포장되어 나오는 게 아니라 큰 통에 담겨 아줌마들이 길거리에 앉아 달라는 대로 팔던 기억이 난다.

아버지도 학교 앞에서 그런 아줌마에게 샀는지 종이를 고깔모자

모양으로 세모로 접은 봉지에 그 사탕을 한움큼 담아오셔서는 내게 주신 것이다.

"야, 사탕이다. 이거 내가 젤로 좋아허는 것인디."

"첨 소풍가는 것이라 좋제?"

"응."

"엄마는 동생들 땜시 못따라간게 선생님 잘 따라다니거라."

"응."

"집에 남겨오믄 동생들한티 다 뺏긴게 소풍가서 다 먹고 와라."

"이놈 다 먹으믄 이빨 썩을 턴디?"

"오늘 하루 실컷 먹는 것은 괜찮허다. 다 먹고 와라."

"아빠, 아빠도 나랑 같이 소풍가."

"아빠는 일히야제. 너 소풍가는디 엄마도 안 따라간다고 허고… 내가 걱정돼서 와 봤다. 아빠 얼른 가봐야 혀. 우리 딸, 선생님 잘 따라다니고 재밌게 놀다오소."

"응."

나는 아버지가 사준 사탕에 기분이 좋아져서 친구들에게 자랑하려고 교실로 들어갔고, 까만 기사복을 입은 아버지는 그렇게 교실창

문 밖에서 한참을 서 계셨던 거 같다.

또 하나는, 초등학교 4학년과 5학년 때.

난 2년 동안 한국무용을 했었다. 그런 시골에서 무용을 한다는 것은 제재소집 딸이나 양조장집 딸이 할 수 있는 그런 고급스런 활동이었다.

그런데 어떻게 된 일인지 내가 그 한국무용을 하고 있었다. 지금도 마찬가지지만 무용을 하려면 얼마나 돈이 많이 드는가? 특히 대회에 나갈 때마다 그 무용복을 맞추려면…. 그런데 난 아무것도 몰랐고, 사람들이 잘한다 잘한다 하며 무용연습을 시키니까 어린 마음에 좋아서 열심히 했던 거 같다.

그냥 무용연습을 한다고 할 때는 엄마도 별말씀 없으시더니 대회에 나가야 하니 무용복을 맞춰달라고 하자 엄마가 노발대발하시며 당장 무용을 하지 말라고 하셨다.

대회에 나갈 때 입을 무용복은 실용적이지는 못하고 화려하고 요란하면서 또 비싸긴 좀 비싼가. 그러니 엄마는 돈이 어딨냐며 대회도 나가지 마라, 무용복도 못맞춰준다, 난리셨다.

어린 마음에 그런 엄마를 이해 못하고, 울며불며 무용복 맞춰내라고 떼를 썼을 때 아버지가 나를 데리고 나가셨다. 그리고 나에게 무용복이 얼마냐고 물으셨다. 그때 2만 5천 원이 얼마나 큰 돈인 줄 모르던 나는 선생님한테 들은 대로 2만 5천 원이라고 했다. 아버지는 나를 데리고 그 동네의 일수쟁이 아줌마에게 가서 2만 5천 원을 일수를 내서 내게 주셨다. 나는 좋아라 했지만 엄마는 몇날 며칠을 그 일을 두고 울었던 거 같다.

그렇게 내가 그 무용복을 입고 대회에 나가 상을 타고 입상기념으로 사진을 찍었는데, 아버지는 두고두고 그 사진을 보며 엄마에게 "어이, 보소. 얼마나 이쁜가? 하늘에서 선녀가 내려와 앉아있는 거 같네. 당신 돈 2만 5천 원으로 선녀 살 수 있겠는가?" 하시며 내 사진을 흡족한 표정으로 보셨다.

또, 우리가 어렸을 때 밥을 먹을 때면 늘 김으로 밥을 싸서 우리들 입에 넣어주시고, 갈치라도 한도막 구워서 상에 올라오면 아버지는 가시만 쪽쪽 빨아 잡수시고, 살은 잘 발라서 우리 남매의 숟가락 위에 놓아주셨다.

그렇게 나에게, 자식들에게 한없이 잘하시던 아버지였는데 화만 나면 엄마를 때려서 우리 남매는 그것이 정말 공포였다. 그러나 평소에는 너무나 자상하고 따뜻한 아버지.

　나는 사춘기 때였는지, 중학생이 된 언제부터 아버지를 미워하고 싫어하게 되었다. 그리고 무조건 엄마편이 되어 부부싸움을 할 때면 내가 더 아버지에게 대들었고, 차라리 이혼하라고 소리소리 지르기도 했다.

　그런 나를 아버지도 조금은 무서워했던지 부부싸움의 횟수는 적어졌지만 부부싸움을 했다 하면 엄마에게 해대는 그 매질은 멈추질 않았다. 그래서 나는 사춘기 때부터 그런 아버지를 경계했고, 늘 불퉁불퉁했던 거 같다.

　그러나 아버지는 그런 딸을 늘 아끼고 사랑하시며, 엄마 몰래 용돈을 찔러주기도 하고, 어디를 가셨다가도 내가 좋아하는 과일이 좋은 게 있으면 먼 길도 마다하지 않고 사서 들고 오셨다. 그런 아버지를 나는 순도 100%로 좋아하지 못했다.

　대학을 다니고, 졸업해서 방송작가 일을 시작해서 돈을 제법 잘 벌어서 집에 경제적인 도움을 좀 주기 시작하면서부터는 아버지에게 더 함부로 했던 거 같다.

　그때 맘으로는 불쌍한 엄마를 위한답시고 했던 행동들이었다.

'아빠, 엄마 한 번만 더 때리면 나 아빠 안 봐. 내가 엄마랑 동생들 다 데려갈 거야. 그러니 엄마한테 잘해요.'

'난, 엄마가 좋아. 내가 집에 돈을 보내는 건 엄마 불쌍해서예요. 아빠가 좋아서 돈 보내는 거 아냐.'

'아빠가 나한테 해준 게 뭐있어요? 나 겨우겨우 학교 졸업했는데 아버지 노릇도 못할 거 왜 자식은 낳았어요?'

나는 아버지 앞에서 이런 말도 서슴없이 했었다. 지금 와서 생각하니 우리 아버지가 그때 얼마나 창자가 끊어지는 거 같았을까?

딸에게 그런 소리를 듣는 심정이 얼마나 비통했을까? 또, 얼마나… 얼마나 외로웠을까?

1999년 2월 9일 밤. 전화벨이 울렸다.

"여보세요?"

"흑흑흑…."

"여보세요? 누구세요?"

"아이고… 이 일을 어쩌… 아이고 나는 못살아…. 혜정아. 어쩌면 좋냐?"

"엄마? 엄마야? 왜? 무슨 일이야?"

"아가, 큰일났다. 너그 아버지가 아퍼야."

"왜? 어디가?"

"몰라, 메칠째 소화가 안된다고 암것도 못먹고 앓더니만 오늘 병원에 갔더니… 서울 큰 병원으로 가라고 헌대여."

"대체 무슨 소리야? 갑자기 왜? 어디가 안 좋아서?"

"암이래여, 암같다고 큰 병원으로 가래여."

청천벽력 같았다.

며칠전 막둥이가 대학교 졸업 한다고 해서 올라오셔서 같이 졸업식장에도 가고 점심도 먹고 했었는데 그 길로 내려가셔서 서울서 먹은 고기가 소화가 안된다고 하시며 병원에 가시더니 그런 큰병이라는 걸 알고 오셨다고 했다.

남편과 나는 그 길로 내려가 아버지와 엄마를 모시고 올라왔다. 그리고, 아버지를 신촌세브란스로 모셨다. 다시 검사를 해보니 담도암 말기.

의사는 이미 늦었다고 손을 쓸 수 없다고 했다. 많이 사셔야 3개월이니 편안히 잘 모시라는 말만 했다.

그리고 정말 의사가 말한 대로 3개월 후인 1999년 5월 5일 새벽에 아버지는 돌아가셨다.

그때는 몰랐다.

아버지가 이렇게 그리울 줄….

그때는 몰랐다.

아버지가 이렇게 나에게 많은 사랑을 베풀어주신 것을….

그리고… 그때는 정말 몰랐다.

내가… 아버지를 얼마나 사랑하는지를….

나는 내가 아버지를 미워하는 줄로만 알았다.

나는 내가 아버지를 싫어하는 줄로만 알았다.

그래서 아버지에 대한 추억도 그리움도 없을 줄 알았다.

그런데 아니다.

아버지가 돌아가시고 나서야 내가 얼마나 아버지에게 사랑받으며 컸는지 알게 되었고, 내가 얼마나 아버지를 의지하며 좋아했는지 알게 되었다.

더 중요한 건, 아버지가 돌아가시고 나서야 아버지와 엄마의 그 애증관계를 정말 가슴 깊이 이해하게 되었고, 맞으면서도 아버지를 이해하던 엄마의 마음을 내가 다 이해할 수 있게 되었다.

아버지가 돌아가신 후 한동안은 엄마가 마음을 못잡았다. 맨날 눈물로 세월을 보내셨고, 밤마다 전화해서 이런 넋두리를 늘어놓으셨다.

'야야, 왜 이렇게 너그 아버지가 보고잡냐? 한 번만… 한 번만 봤으믄 좋겄어야.'

'아가 혜정아. 나 좀 빨리 죽게 히도라. 너그 아부지 혼자 있는디 내가 가야 밥이라도 히주제. 너그 아부지 내가 히준 거 아니믄 안먹어야.'

'아가, 나 휘휘거려서 못자겄다. 이 넓은 방에… 너그 아버지 죽고 나 혼자 잘랑게 휘휘거려서…. 너그 아버지 여그 누워 있는 거 같어서 못자겄다.'

'아이고… 그 인간… 살아서도 웬수더니… 죽어서도 웬수여. 왜 이렇게 보고잡냐? 왜 이렇게 옆에 있는 거 같냐? 살아서 그렇게 나를 때리고 못살게 했는디 뭣이 이쁘다고 이렇게 보고 싶다냐? 아이고 웬수여. 그 인간은 살아서나 죽어서나 내 눈에서 눈물 빼는 웬수여.'

'너는 아빠꿈 꾸었냐? 어째 내 꿈에는 한 번도 안 나타나야. 아따, 죽고 난게 징그럽게 보고잡네 오메, 미쳐버리겄네.'

아버지가 돌아가시고 한동안 엄마가 맘을 못잡고 그러시는 통에 정말 나도 속상했고, 내 동생들도 이러다 엄마까지 죽는 거 아니냐며 걱정들을 했었다.

그러나 옛 어른들이 '죽은 사람만 불쌍하지 산 사람은 산다'고 했던가? 엄마는 몇 달 후 마음을 정리하시고 내새끼들이 있는데 내가 무슨 걱정이냐며 굳게 나오셨다. 그때 그런 엄마의 모습을 보면서 얼마나 마음이 아프고 고마웠던지….

그런데 나는 요즘 아버지가 더 보고 싶다. 그냥 막 생각이 난다.

아버지가 살아계실 때는 아버지의 안 좋은 점만 기억하고 있던 내가 아버지가 돌아가시고 나니 아버지가 내게 잘해주시던 기억만 나고, 내가 아버지에게 못했던 일만 생각난다.

아버지에게 못되게 굴었던 것만 더 생각이 나서 미칠 거 같다. 그때 일들이 후회되고 아버지에게 용서를 빌고 싶지만 아버지는 옆에 안 계신다.

어느날은 버스 뒷자리에 앉아서 가다가 무심히 본 기사 아저씨의 머리가 하얀 뒷모습이 너무나 우리 아버지를 닮은 거 같아 흐르는 눈물을 주체하지 못하고 울며 목적지까지 갔던 일도 있다. 엄마가 그때, 징그럽게 보고 싶단 말, 한 번만 봤으면 소원이 없겠다는 말이 빈말이 아니었음을 실감한다.

지금 계시면 잘해드리고 싶은데… 아버지가 옆에 안 계신다. 그리고 못나고 못된 딸은 이제야 후회의 눈물을 흘리지만 그게 무슨 소용이 있는가?

이렇게 보고 싶은 아버지를 살아계실 때는 잘 해드리지 못하고 이제야 이게 뭔가? 뼈저리게 후회하고, 간절히 한 번만 보기를 소원해도 안되는 이 일을 어쩌란 말인가?

보고 싶은 아버지.

그런데… 우리 아버지는 어떨까?

그렇게 아끼고 사랑하는 가족들을 두고 혼자 먼길을 떠났는데 우리를 그리워할까? 우리가 보고 싶어서 미치겠다고 소리도 못내고, 어디서 울고 계신 걸 아닐까?

아니면 영화에서처럼 우리 곁에 있으면서도 우리에게 말 한마디 못 걸고, 우리 얼굴 한 번 못쓰다듬고 그저 애절히 바라만 보고 계실까?

나의 바로 밑 동생이 열심히 살아보려고 노력하는 모습을 보며 엄마가 내게 그러셨다.

"야야, 너그 아버지는 하늘나라 가서도 운전기사 허는가비야."

"그게 뭔 소리야?"

"거그서도 운전기사는 빽도 없고, 돈도 없고 밀리겄제?"

"왜?"

"근게 너그 아버지가 저 큰아들 저러고 살아도 못도와주제. 귀신도 빽이 있어야 맘대로 자손도 도와주고 활개칠 텐디… 아무리도 너그 아버지는 저승 가서도 운전수인개벼. 허기사, 배운 게 운전밖에 더 있냐?"

"엄마, 그런 소리 마. 그런 소리 들으니까 눈물날려고 한다. 이승에서도 운전만 하다가 죽은 양반, 저승 가서도 편히 못살고 힘없고 빽 없는 귀신으로 운전만 하고 살아가야 한다면… 우리 아빠 너무 불쌍하잖아. 너무 불쌍하잖아. 우리 아빠 ….'

닫
는
글

처음엔 끝까지 숨기려고 했다. 그리고 책이 나온 다음엔 맨 먼저 그 책을 엄마 앞에 내놓으며 얘기하려고 했다. 그러나 워낙 엄마와 나는 자주 통화를 하고 시시콜콜 얘기하다 보니 그만 입이 근질거려서 통화중에 말을 해버리고 말았다.

엄마 얘기를 써서 책을 내기로 했다고 말했더니 아무 소리가 없다. 내가 전화기 너머로 엄마를 몇 번 부르자 엄마가 목이 메어 말씀하신다.

"나는 너한테 아무것도 해준 것이 없는디, 늘 너한테는 부족헌 엄마였는디, 그래서 내가 너를 낳은 것을 너무나 미안해 험서 살았는디…. 너는 엄마가 챙피시럽지도 않냐?"

엄마는 나에게 모든 것을 다 주고도 맨날 해준 게 없단다. 그리고 엄마 뱃속으로 나를 낳은 것이 미안하단다. 나는 엄마를 한 번도 창피하게 생각한 적 없고 내가 엄마 딸이어서 너무 감사하고 행복한데.

그리고 전화를 끊을 때쯤 엄마가 조심스럽게 말씀하셨다.

"아가, 너한테는 미안하다만 나는 니가 내 딸로 태어나줘서 진짜 고맙다. 너 아니믄 이 먼지만도 못한 인간 누가 이 세상에 왔다간지나 알겠냐? 고맙다."

그때가 언제쯤일까?

학교에서 상장을 받아서 엄마 앞에 내밀었다. 엄마는 무슨 소중한 물건이라도 받듯이 두 손으로 받고서 "나는 한 번도 못 받아본 상장을 우리 딸이 받아왔다"며, 서툴게 상장을 읽어내려 가셨다. 그리고 부엌으로 가서 밥풀을 한 덩이 떼어 들고 와서 상장의 뒷면 네 귀퉁이에 짓이긴 후 그 상장을 사람들이 잘 볼 수 있게 방 한가운데다 떡 하니 붙이셨다.

"엄마, 나는 엄마가 부끄럽지 않습니다. 엄마 딸이라는 게 창피하지 않습니다. 우리에게 기역 니은이나 구구단을 가르쳐주진 못했지만 전 엄마에게 많은 것을 배우고 많은 사랑을 받으며 컸습니다.

학교를 제대로 다닌 적이 없으니 상장을 받을 일도 없었겠지요.

그런 엄마에게 못난 딸이 이 훈장을 달아드리고 싶습니다. 그리고 엄마가 방 한가운데에 제 상장을 붙여놓고 사람들에게 자랑했듯이 저도 이 책을 통해 엄마를 자랑하렵니다."

이 책을 아낌없이 주고도 더 못 줘서 한이라고 말하는 세상의 모든 친정엄마들과, 주고싶은 도둑인 세상의 딸들에게 바칩니다.

'토지'의 작가 **박경리 대표 장편소설**

어머니를 만나기 전에 박경리를 만나 보십시오!

김약국의 딸들

본능의 숲에서 교배한 필연은 비애의 씨앗을 뿌리고 통영의 밤바다에서는 다섯 딸들의 숙명적 사랑과 배신, 죽음, 원초적 몸부림이 넘실댄다. 삼베처럼 질긴 한의 씨줄과 설움의 날줄은 비극의 천으로 약국집 다섯 딸들을 옭아매는데…

서점가의 조용한 파문! 지성 독자들의 베스트셀러!

신국판 | 값 9,800원

나남 nanam
경기도 파주시 교하읍 출판도시 518-4
TEL : 031-955-4600 www.nanam.net

Tel: 031)955-4600
www.nanam.net 나남 nanam

박경리 대하소설 **土地**를 읽는 것은
세상을 살아가는
치열함을 배우는 것입니다

(전 21권 양장본)

토지와 함께 울고 웃던 시간 동안
다시 한번 대한민국 사람임을 느꼈습니다.
파란만장한 그들의 삶 속에서
다시 한번 나를 찾는 여행을 떠납니다.
대한민국 민족소설 土地
내 가슴에 가장 큰 대한민국을 선물합니다.

- 전권 21권 세트판매 (각권 9,800원, 낱권으로도 사실 수 있습니다.)
- 세트구입시 등장인물 600여 명을 정리한 토지인물사전을 증정합니다.

박경리 장편소설 〈김약국의 딸들〉, 〈파시〉, 〈가을에 온 여인〉, 〈시장과 전장〉, 시집 〈우리들의 시간〉, 에세이 〈가설을 위한 망상〉 절찬 판매중!

031) 955-4600 나남
www.nanam.net nanam

상상력 공장장_임헌우 교수가 들려주는 꿈과 희망,
그리고 상상력에 관한 감동적 메시지

상상력에 엔진을 달아라

임헌우(계명대) 지음

당신의 잠재력을 열어줄 캔 오프너!

계명대 시각디자인과 교수인 상상력 공장장 임헌우가 인터넷과 사보에 게재되어 이미 많은 사람들에게 감동을 전해준 바 있는 글들을 한데 묶어 책으로 엮어냈다.

기발한 광고 아이디어, 복잡하고 다양한 마케팅의 법칙들이 풍부한 시각자료와 함께 유쾌한 필치로 소개되어 있어 독자들의 시선을 지루하지 않게 잡아끈다.

상상력의 모든 단서들이 결국 인생문제로 귀결되고 있다는 점에서, 이 책은 결국 우리가 미래에 걸어야 할 가치를 담고 있는 글이며 동시에 꿈을 잃은 사람들에게 용기와 희망을 심어주고자 하는 따뜻한 메시지라고도 할 수 있을 것이다.

당신의 생각에, 그리고 열정에 터보엔진을 달고 싶은가? 저자는 상상력은 머릿속에 그리는 드로잉이며, 당신이 어떤 그림을 그릴지는 전적으로 당신에게 달려있다고 말한다. 상상력 공장장 임헌우가 쓴 이 책은 기발한 광고 아이디어, 복잡하고 다양한 마케팅의 법칙들이 풍부한 시각자료와 함께 유쾌한 필치로 소개되어 있어 독자들의 시선을 지루하지 않게 잡아끈다.

· 올컬러 · 값 18,000원